Gabriele Kopp, Josef Alberti, Siegfried Büttner

Dabei! A1.2

DEUTSCH FÜR JUGENDLICHE

Deutsch als Fremdsprache
Arbeitsbuch

Hueber Verlag

4. 3. 2. | Die letzten Ziffern
2024 23 22 21 20 | bezeichnen Zahl und Jahr des Druckes.
Alle Drucke dieser Auflage können, da unverändert, nebeneinander benutzt werden.
1. Auflage

Umschlaggestaltung: Sieveking · Agentur für Kommunikation, München
Layout und Satz: Sieveking · Agentur für Kommunikation, München
Verlagsredaktion: Julia Guess, Hueber Verlag, München
Druck und Bindung: Firmengruppe APPL, aprinta druck GmbH, Wemding
Printed in Germany
ISBN 978-3-19-511779-1

Art. 530_26789_001_02

Wegweiser

Am Modulanfang

Wiederholung von Wortschatz zur Vorbereitung auf das Modul

6
Einkaufen
a Schreib die Wörter an die richtige Stelle.
Auto Theater Jeans Supermarkt
Kino Bus T-Shirt Bibliothek
Fahrrad Turnschuhe Post
Fahrzeuge
Kleidung
in der Stadt
b Du kennst schon viele Wörter und Sätze.
einen Wunsch sagen
einen Weg beschreiben
einundzwanzig 21

Am Modulende

Selbstevaluation mit Selbstkontrolle

Lernfortschritte testen

16 17 18
In der Stadt
Das habe ich gelernt 16 17 18
einen Wunsch sagen
ein Kaufgespräch führen
Hilfe erbitten
33
Test Modul 6 16 17 18
1 Kommunikation: Schreib die Sätze an die richtige Stelle.
Ja gern. Was kosten die Äpfel? Du hast bald Geburtstag. Entschuldigung, wo ist die Post?
Ja, ich wünsche mir eine Katze. Das macht vier Euro. Zwei Euro das Kilo. Nein, nimm es nur.
Können Sie mir helfen? Hier links. Bitte zwei Kilo Bananen. Brauchst du das Lineal noch?
2 Wortschatz: Was passt nicht? Streiche durch.
1. Kaufhaus • Disco • Geschäft
2. Post • Paket • Park
3. Kino • Bus • Haltestelle
4. Apotheke • Markt • Krankenhaus
3 Wortschatz: Finde sechs Kleidungsstücke und schreib sie an die richtige Stelle.
fünfunddreißig 35

Wegweiser

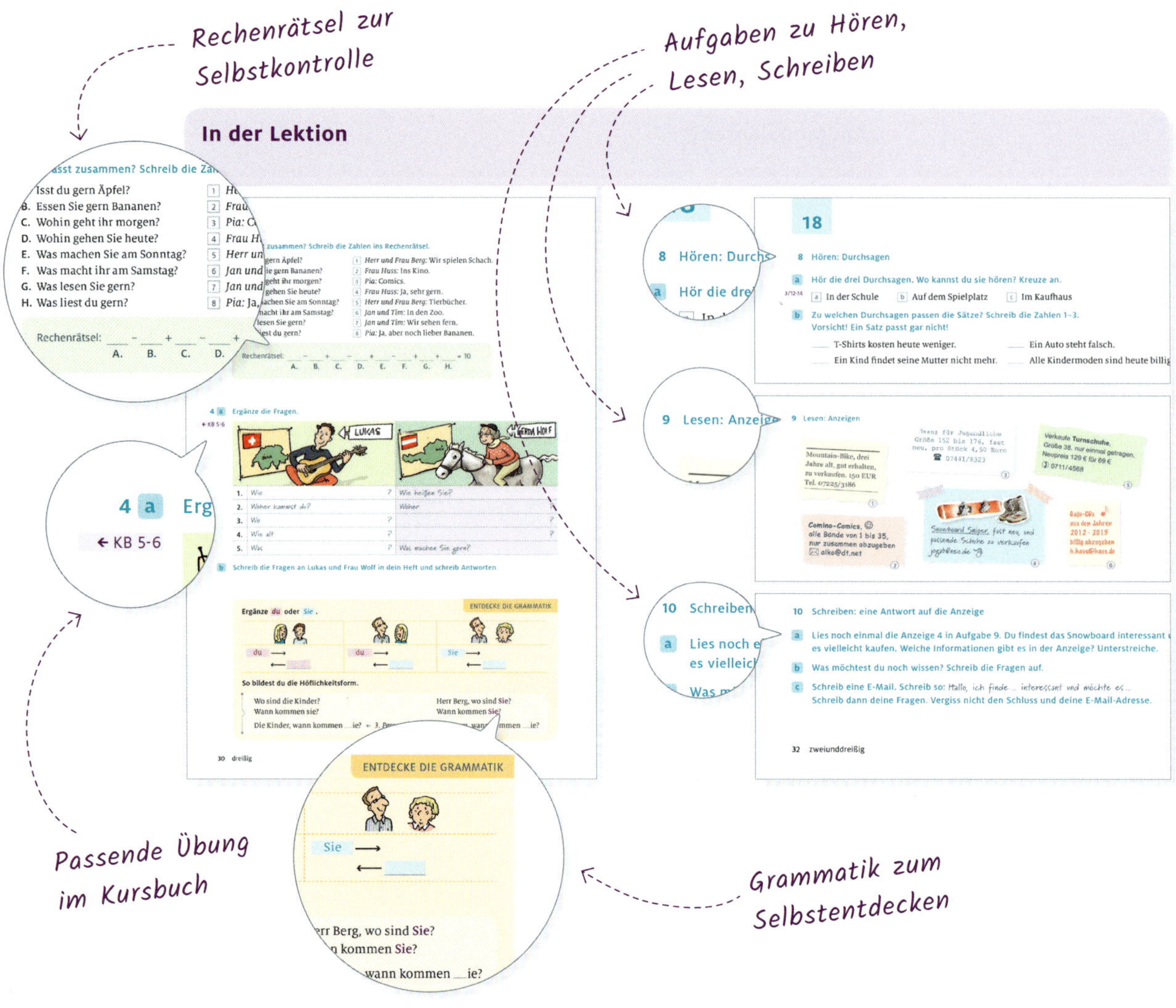

Rechenrätsel zur Selbstkontrolle
Aufgaben zu Hören, Lesen, Schreiben
In der Lektion
Passende Übung im Kursbuch
Grammatik zum Selbstentdecken

Übersetzung
Im Anhang: Lernwortschatz
Beispielsatz
Lernwort

Inhalt

Deutsch oder Englisch?

1 Verbinde die Dominosteine.

← KB 1-2

*	
Laptop	*
Jeans	
Comic	
Poster	
Skateboard	
Tablet	

2 Hör die Wörter und schreib die Zahlen in die Rechenrätsel.

3/02
← KB 1-2

Sport: ____ + ____ + ____ = 16

Computer/Technik: ____ + ____ + ____ + ____ + ____ = 32

Kleidung: _1_ + ____ = ____

Zu schwer? Du kannst mit den Wörtern und Zahlen selbst kontrollieren.

~~1 Jeans~~	2 surfen	3 Laptop	4 Smartphone	5 Snowboard
6 T-Shirt	7 Internet	8 Chatroom	9 Skateboard	10 online

3 Was passt zusammen? Schreib die Zahlen ins Rechenrätsel.

← KB 1-2

A. Möchtest du eine E-Mail schreiben? Hier ist dein
B. Lisa liest gern
C. Jan surft gern im
D. Du magst Jeans und
E. Wir fahren gern

1 Skateboard.
2 T-Shirts.
3 Internet.
4 Laptop.
5 Comics.

Rechenrätsel: ____ + ____ + ____ − ____ − ____ = 9
A. B. C. D. E.

5 Freunde

a **Schreib die Wörter an die richtige Stelle.**

telefonieren | Theater | Klavier spielen | Wald | Disco | Musik hören | Fußball spielen | Musik machen | See

Freizeitorte

____

____

Hobbys

____

____

____

____

____

b **Du kennst schon viele Wörter und Sätze.**

über Vorlieben sprechen

Ich möchte ______________________ .

Ich ______________________ *gern.*

Glückwünsche aussprechen

Herzlich willkommen!

Frohe ______________________ !

Frohe ______________________ !

einen Vorschlag machen, annehmen oder ablehnen

Wir möchten ______________________ .

Möchtest du ______________________ ?

Hast du ______________________ ?

Das ist nett, aber ich habe ______________________ .

Ich möchte nicht ______________________ .

Ich ______________________ *so gern.*

Sechs Freunde

1 Schreib die Wörter ins Kreuzworträtsel. Schreib dann die Zahlen zu den Bildern.

← KB 1-2

fernsehen | tanzen | surfen | shoppen | spazieren | schwimmen | ~~reiten~~

							①						
②							*r*			gehen			
		③					*e*						
		④					*i*						
						⑤	*t*						
	⑥						*e*						
			⑦				*n*						

F *1*

E ___

G ___

D ___

A ___

B ___

C ___

2 a Was passt zusammen? Kreuze an.

← KB 1-2

	hören	spielen	machen	gehen	fahren	treffen	surfen
Klavier							
Freunde							
Rad							
Schach							
ins Kino							
Musik							
Sport							
im Internet							
Basketball							

b Schreib Sätze in dein Heft.

Ich möchte gern Klavier spielen.
Ich spiele gern Klavier.

3 a Partnerübung: Schreib Fragen für deinen Partner.

← KB 3

Frage	Antwort
1. *Was machst du im Frühling?*	*Ich*
2. *Was machst du im ... ?*	
3.	
4.	

b Tauscht die Arbeitsbücher und schreibt die Antworten.

4 Suche die zwölf Monate und schreib sie an die richtige Stelle.

← KB 4-5

N	O	V	E	M	B	E	R	O	K	T	O	B	E	R
K	J	A	N	U	A	R	Z	P	A	U	G	U	S	T
S	E	P	T	E	M	B	E	R	G	X	J	U	L	I
M	A	R	H	O	Ä	L	F	E	B	R	U	A	R	Y
A	F	I	U	Q	R	Ö	V	N	Z	K	N	O	P	Ü
I	D	L	D	E	Z	E	M	B	E	R	I	F	J	G

Frühling: ______, ______, ______

Sommer: ______, ______, ______

Herbst: ______, ______, ______

Winter: ______, ______, ______

5 a Ordne den Dialog. Schreib die Zahlen.

← KB 6

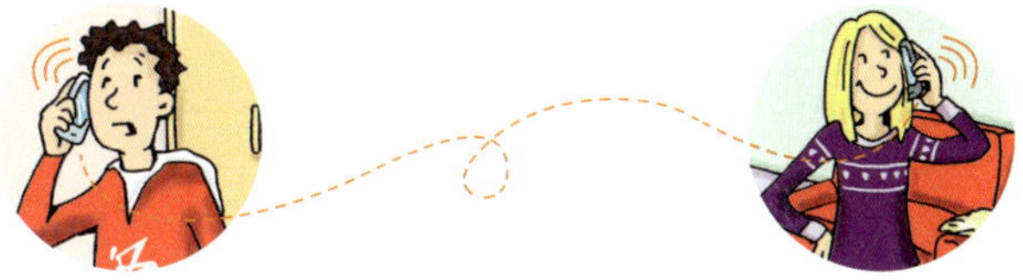

1 ▲ Hallo, Rosa, was machst du gerade?

___ ▲ Na ja, kommst du mit ins Kino? Also, lieber Lesen oder lieber ins Kino gehen?

___ ▲ Ich weiß. Du gehst aber auch gern ins Kino, oder?

___ ▲ Einen Action-Film mit Chan Li und einen Tierfilm.

___ ▲ Ach so, schade.

___ ● Hm. Ich glaube, ich gehe heute lieber ins Kino. Was gibt's denn?

___ ● Ja, ich gehe sehr gern ins Kino. Warum?

___ ● Aha. Ich mag Action-Filme nicht so gern. Ich mag lieber Tierfilme.

___ ● Ich lese. Du weißt doch, ich lese so gern.

b Hör den Dialog zur Kontrolle.

3/03

6 a Schau das Bild an und ergänze die Sätze.

← KB 7

1. Leos ______ Füller ist schwarz.
2. ______ Apfel ist grün.
3. ______ Rucksack ist rosa.
4. ______ Block ist grau.
5. ______ Heft ist blau.
6. ______ Mäppchen ist bunt.

b Schreib weitere Sätze in dein Heft.

14 So sind wir

1 Schreib das Gegenteil ins Kreuzworträtsel.

← KB 1

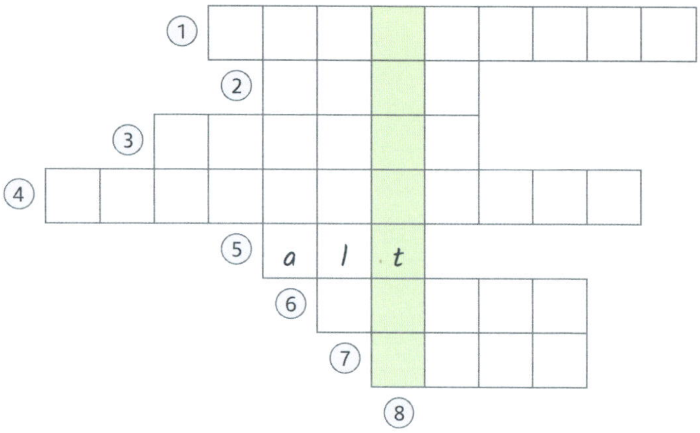

1 ↔ unsportlich
2 ↔ schwarz
3 ↔ 8
4 ↔ unsympathisch
5 ↔ neu
6 ↔ rechts
7 ↔ klein

2 a Pipa und Pipo: Schreib A oder B zu den Sätzen.

← KB 2-3

____ Meine Haare sind grün.
____ Meine Haare sind blond.
____ Meine Augen sind klein und schwarz.
____ Meine Augen sind groß und blau.
____ Meine Bälle sind gelb.
____ Meine Bälle sind rosa.
____ Meine Schuhe sind klein.
____ Meine Schuhe sind groß.

b Schreib Sätze mit *seine* und *ihre* in dein Heft.

Das ist Pipa. Ihre Haare sind ...
Das ist Pipo. Seine ...

3 Schreib die Sätze richtig.

← KB 4-5

1. gut ▪ Schwester ▪ Meine ▪ Gitarre ▪ spielen ▪ kann

   ____.

2. können ▪ schwimmen ▪ sehr ▪ Jana und ▪ Eva ▪ schnell

   ____.

3. du ▪ Kannst ▪ gut ▪ fahren? ▪ Skateboard

   ____.

4. tanzen ▪ nicht ▪ kann ▪ Ich ▪ gut

   ____.

5. ganz ▪ toll ▪ können ▪ Wir ▪ surfen

   ____.

6. ihr ▪ Könnt ▪ spielen? ▪ Schach

   ____.

4 Ergänze die Formen von *können*. Schreib den Text richtig in dein Heft.

← KB 4-5

DREI FREUNDE

Boris, Leo und David sind Freunde. Boris und Leo sind groß und (a) sehr gut Basketball spielen. David (b) das nicht. Er ist klein und unsportlich. Davids Schwester Maria fragt: „Sagt mal, (c) ihr wirklich so gut Fußball spielen?“ „Nicht Fußball. Wir (d) Basketball spielen“, sagt Boris. „Na ja“, sagt Maria. „Und du, David? Was (e) du?“ „Ich (f) ganz schnell ganz viele Würstchen essen“, sagt David und lacht.

kann (2x) | kannst | können (2x) | könnt

5 a Ergänze die Tabelle.

← KB 4-5

	ich	du	er/es/sie	wir	ihr	sie *(Plural)*
können						
dürfen						
möcht-						

b Schreib Sätze in dein Heft.

Du kannst gut Klavier spielen.
Wir dürfen heute ...

6 a Was passt zusammen? Schreib die Zahlen ins Rechenrätsel.

← KB 6

A. He, Jan, was ist das denn?
B. Kannst du denn Keyboard spielen?
C. Hast du auch Unterricht?
D. Wann ist denn die Keyboard-Stunde?
E. Und wie findest du Keyboard spielen?

1 Ja, einmal die Woche.
2 Super.
3 Ein Keyboard.
4 Am Mittwoch um drei.
5 Ja klar!

Rechenrätsel: ____ + ____ − ____ − ____ + ____ = 5
A. B. C. D. E.

b Schreib den Dialog in dein Heft.

c Schreib auch so: *Jan kann ...*

7 Hör zu und ergänze die Sätze.

3/04

← KB 7

Wo ist mein ________ (a)? ▪ Da ist es ________ (b). ▪ Liest du ________ (c) gern? ▪ Nein, ich ________ (d) lieber Sport. ▪ Wie oft ________ (e) du denn Sport? ▪ Dreimal die ________ (f). ▪ Oh, schon ________ (g) Uhr. ▪ Ich gehe ________ (h) Hause. ▪ Ich bleibe ________ (i). ▪ Gute ________ (j).

15 Was machen wir heute?

1 Suche acht Wörter und schreib sie in Artikelfarben zu den Bildern.

← KB 1-2

S	D	G	F	U	T	Z	E	I	S	O	L
E	S	P	I	E	L	P	L	A	T	Z	B
E	Y	Q	S	K	A	T	E	P	A	R	K
S	C	H	W	I	M	M	B	A	D	N	V
K	U	R	E	N	H	J	P	R	T	I	A
D	I	S	C	O	F	G	H	K	L	S	E

1. ______________________

2. ______________________

3. ______________________

4. ______________

5. ______________________

6. ______________

7. ______________

8. ______________

2 Welche Antwort passt? Kreuze an.

← KB 1-2

1. Gehst du mit ins Kino?
   - [a] Nein, nicht gern.
   - [b] Ja, gern.
   - [c] Nein, sehr gern.
2. Wir fahren in die Stadt. Möchtest du mitkommen?
   - [a] Nein, ich möchte mitkommen.
   - [b] Nein, ich habe keine Lust.
   - [c] Ja, ich habe keine Lust.
3. Kommst du mit an den See?
   - [a] Tut mir leid. Ich kann nicht.
   - [b] Tut mir leid. Ich komme auch später.
   - [c] Tut mir leid. Ich komme auch mit.
4. Ich möchte ins Schwimmbad gehen. Hast du auch Lust?
   - [a] Nein, ich habe Lust.
   - [b] Nein, ich schwimme gern.
   - [c] Ich möchte gern, aber ich kann nicht.

3 Was passt zusammen? Schreib die Buchstaben ins Lösungswort.

← KB 3

1. Ich möchte shoppen.
2. Ich möchte mit dem Schiff fahren.
3. Ich möchte einen Film sehen.
4. Ich möchte spazieren gehen.
5. Ich möchte Basketball spielen.
6. Ich möchte tanzen.
7. Ich möchte schwimmen.

- [A] Ich gehe in den Park.
- [R] Ich gehe in die Disco.
- [E] Ich gehe ins Schwimmbad.
- [G] Ich fahre in die Stadt.
- [I] Ich fahre an den See.
- [R] Ich gehe auf den Spielplatz.
- [T] Ich gehe ins Kino.

Lösungswort:

1.	2.	3.	4.	5.	6.	7.

4 Ergänze die Sätze.

← KB 3

1. Wir gehen in die _ _ _ _ _ shoppen.
2. Kommst du mit ins _ _ _ _?
3. Ich gehe mit dem Hund in den _ _ _ _.
4. Komm doch mit an den _ _ _!

5 a Ergänze die Sätze.

← KB 3

___ Gut, nicht ________ (a) See. Wir können ja ________ (b) Schwimmbad gehen.

1 Hallo, Leon. Wir möchten an den (c) See fahren. Kommst du mit?

___ ________ (d) See? Ach nein.

___ Wohin? ________ (e) Spielplatz? Nein, ich bin müde.

___ ________ (f) Schwimmbad? Schwimmen? Nein, ich habe keine Lust.

___ Na ja, wir können auch ________ (g) Stadt fahren und Eis essen. Aber du bist ja müde.

___ Also auch nicht ________ (h) Schwimmbad. Kommst du mit ________ (i) Spielplatz?

___ Ich? Müde? Ihr möchtet Eis essen. Ihr fahrt ________ (j) Stadt und ich fahre mit.

b Ordne den Dialog. Nummeriere. Schreib den Dialog richtig in dein Heft.

6 Finde zwei kleine Dialoge (immer drei Teile). Schreib sie in dein Heft.

← KB 4

Wir gehen ins Schwimmbad. Kommst du mit? | Nein, noch nicht. | Schade. | Heute ist das super Fußballspiel. Gehen wir hin? | Nein, ich kann leider nicht mitkommen. | Au ja, ich möchte gern hingehen. Hast du schon Karten?

ENTDECKE DIE GRAMMATIK

Schreib das trennbare Verb in der richtigen Form.

Wir müssen aufpassen. ← auf|passen → Wir passen auf.

mit Modalverb:
Wir dürfen ________. ← mit|spielen → *ohne Modalverb:* Wir ________ ________.

7 Ergänze die Sätze links. Schreib dann rechts die Sätze ohne Modalverben.

← KB 4

	Jan **darf** heute viel fernsehen.	Jan sieht heute viel fern.
1.	Ich **möchte** nicht mitkommen.	Ich komme
2.		Wir spielen gern mit.
3.	Ihr **könnt** nicht mitmachen.	
4.		Pia und Paula nehmen den Hund mit.
5.	Du **musst** aufpassen.	

8 Finde den Weg.

← KB 5-7

Hallo, Lukas. Wir spielen heute Basketball. Spielst du mit?

Oder ja.	Ach, nein.
Warum? Hast du keine Lust?	Warum? Hast du Lust?
Na ja, ich kann nicht.	Also gut. Ich kann nicht.
Warum möchtest du denn mitspielen?	Warum kannst du denn nicht mitspielen?
Mein Hals tut so weh.	Ich habe keine Halsschmerzen.
Und was spielst du heute?	Und was machst du heute?
Ich spiele Basketball.	Ich bleibe zu Hause und sehe fern.

9 Welche Antwort passt? Kreuze an und schreib die Buchstaben ins Lösungswort.

← KB 5-7

1. Na, wie geht's dir?
   - [A] Ich gehe nach Hause.
   - [O] Ich bin krank.
   - [E] Wie geht es dir?
2. Hast du Kopfschmerzen?
   - [R] Nein, leider nicht.
   - [G] Ja, mein Bauch tut weh.
   - [P] Ja, mein Kopf tut so weh.
3. Darfst du aufstehen?
   - [K] Nein, ich bin krank.
   - [N] Ja, ich bin krank.
   - [Z] Nein, ich darf aufstehen.
4. Tut dein Hals weh?
   - [H] Nein, ich habe Halsschmerzen.
   - [F] Ja, ich habe Halsschmerzen.
   - [D] Hast du Halsschmerzen?

Lösungswort:

3.	1.	2.	4.

10 Schreib zehn Sätze mit *können* in der richtigen Form und diesen Satzteilen in dein Heft.

← KB 8-9

Ich	können	nicht mitkommen. Keine Zeit!
Du		gut Gitarre spielen.
Jan/ Jana		ins Kino gehen. Keine Hausaufgaben heute.
Wir		sehr gut tanzen.
Ihr		Karate und Judo.
Die Jungen		nicht mitspielen. Leider krank.

ENTDECKE DIE GRAMMATIK

Lies die Sätze und Erklärungen.

Steffen **kann** gut Schach spielen.
↓
1. *Hier: in etwas gut sein*

Steffen **kann** heute nicht Schach spielen. Er hat Kopfschmerzen.
↓
2. *Hier: etwas geht (nicht)*

Lies die Sätze. Wie kommt *können* hier vor? Wie in 1. oder wie in 2.? Ergänze.

Wir **können** heute nicht kommen. Wir haben keine Zeit. ______
Wir **können** nicht Skateboard fahren. ______

11 Und jetzt du. Beantworte die Fragen.

← KB 8-9

1. Was kannst du gut?
   ____
2. Was kannst du heute nicht machen?
   ____
3. Und warum nicht?
   ____
4. Was kannst du am Wochenende machen?
   ____
5. Und warum?
   ____

12 Schreib die Glückwünsche an die richtige Stelle. Schreib die Zahlen zu den Bildern. Wie heißt der Glückwunsch bei ⑥? Ergänze das fehlende Wort.

← KB 10

Gute Besserung | Herzlich willkommen | Herzlichen Glückwunsch | Frohe Ostern | Frohe Weihnachten

⑥

① _ _ _ _ _ W E I H N A C H T E N !
② _ _ _ _ _ _ _ _ _ _ _ L _ _ _ _ _ _ _ _ _ !
③ _ _ _ _ _ _ _ _ _ _ _ L _ _ _ _ _ _ !
④ _ _ _ _ _ _ _ _ E _ _ !
⑤ _ _ _ _ _ _ _ S _ _ _ _ _ !

_ _ _ _ !

Ⓐ ___

Ⓒ ___

Ⓔ ___

Ⓑ ___

Ⓓ ___

13 a Hören: Hör die drei Szenen. Was haben sie gemeinsam?

3/05-07

[a] Krank sein [b] Feste [c] Glückwünsche

b Hör die Szenen 1–3 noch einmal und ordne die Sätze den Szenen zu.

3/05-07

___ Frohe Ostern! ___ Herzlichen Glückwunsch! ___ Gute Besserung!

c Zu welchen Szenen 1–3 passen diese Sätze?

___ Toni hat Geburtstag. ___ Julia hat Halsschmerzen. ___ Kim sucht im Garten.

14 Lesen: eine Mitteilung

• SCHÜLERZEITUNG **ALLOTRIA** •

Hallo, Sportfans,
am 15. März ist es wieder einmal so weit. Wie jedes Jahr findet am Freitag in Kleve das Sportturnier der Schulen statt. Drei Schulen treten gegeneinander an.

Dieses Jahr geht es um diese Disziplinen:

Judo: Das macht für uns Tobias Winter, Klasse 7a, ein Champion!

Basketball: Da spielt natürlich die Klasse 9a mit.

Volleyball: Das ist eine Super-Aufgabe für die Volleyball-Gruppe der achten Klassen.

Tischtennis: Hier treten die „Profis" Ulla Wild, Paul Alt und Sara Roth an, alle 7b.

Rock 'n' Roll: Start frei für das Traumpaar Marco Lenzi, 9b und Anna Wolf, 8a! Sagt nur nicht, Tanzen ist kein Sport. Probiert es mal aus. Puuh! Zwei Runden Rock 'n' Roll und ihr seid k.o.! Ganz sicher!

Auf jeden Fall brauchen die Sportler eure Unterstützung. Kommt also alle am Freitag um 14.00 Uhr in die Turnhalle der Schumann-Schule.

a Lies den ersten Abschnitt. Er gibt allgemeine Informationen. Unterstreiche so:

Was passiert? Wo passiert das? Wann? Wer macht mit?

b Nun lies weiter. Wer macht was? Unterstreiche den Sport und die Personen.

c Schreib die Informationen über die Sportler auf.

Tobias Winter geht in die …
Er kann/macht …

TIPP
Der erste Abschnitt gibt oft Informationen, die dir beim Textverstehen helfen.

15 Schreiben: eine E-Mail an die Freundin

Hallo Elli,
1 bald ist dein Geburtstag. Ich möchte so gern zu deiner Party am Freitag kommen. Aber ich kann nicht kommen. Schade! Du weißt, ich gehe in die Musikschule. Ich spiele Gitarre. Und genau am Freitag haben wir ein Konzert. Da bin ich natürlich dabei.
2 Aber vielleicht kannst du am Samstag zu mir kommen? Meine Eltern sind nicht da. Ich bin allein zu Hause. Dann können wir ganz lang fernsehen. Hast du Lust?
Liebe Grüße, Deine Selma

a Lies Abschnitt 1. Unterstreiche die Informationen über Elli in rot, die Informationen über Selma in blau. Mache es genau so mit Abschnitt 2.

b Was antwortet Elli? Wandle Sätze aus Abschnitt 1 um. Schreib so:

c Schreib Ellis E-Mail weiter. Beantworte die Fragen aus Abschnitt 2.

Liebe Selma,
bald ist mein Geburtstag.
Und du möchtest …

Tschüss / Bis bald / …
Deine Elli

bitte ankreuzen *hier falten*

über Vorlieben sprechen

_____ du gern _____?
Ja, sehr _____.
Nein, ich _____.
Was machst du _____,
lesen oder malen _____?
Mein _____ ist Lesen.

Liest du gern?
Ja, sehr gern.
Nein, ich male lieber.
Was machst du lieber,
lesen oder malen?
Mein Lieblingshobby ist Lesen.

eine Person beschreiben

groß, _____
_____
_____
_____: blond, schwarz, _____
_____
_____: blau, _____

groß, klein, hübsch,
sportlich, unsportlich,
(sympathisch)
Haare: blond, schwarz,
rot, braun
Augen: blau, braun, grün

sagen, was man (nicht) kann

Lena _____
_____ reiten.
Heike _____
_____.

Lena kann sehr gut/gut/
ganz toll/... reiten.
Heike kann nicht
gut reiten.

einen Vorschlag machen, annehmen oder ablehnen

Wir gehen _____.
Kommt _____?
Habt _____?
Möchtet _____?
Ja, _____.
Nein, ich habe _____
_____.
Nein, ich möchte _____.

Wir gehen ins Kino.
Kommt ihr mit?
Habt ihr Lust?
Möchtet ihr mitkommen?
Ja, gern.
Nein, ich habe keine Lust/
keine Zeit.
Nein, ich möchte nicht.

sagen, was (nicht) geht

Maren _____
_____.

Maren kann leider
nicht mitkommen.

hier falten

bitte ankreuzen

Wie geht's?
Ich bin krank.

Mein Kopf tut weh.
Ich habe Kopfschmerzen.

Mein Hals tut weh.
Ich habe Halsschmerzen.

Mein Bauch tut weh.
Ich habe Bauchschmerzen.

über das eigene Befinden sprechen

Wie ________ ?
Ich bin ________ .

Mein Kopf tut weh.
Ich habe ________ .

Mein Hals ________ .
Ich habe ________ .

Mein ________ .
Ich habe ________ .

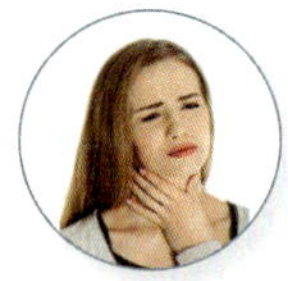

Frohe Weihnachten!
Frohe Ostern!
Gute Besserung!
Herzlichen Glückwunsch!
Alles Gute!

Glückwünsche aussprechen

________ !
________ !
________ !
________ !
Alles ________ !

Schach spielen,
Freunde treffen,
fernsehen, reiten,
Rad fahren,
spazieren gehen,
schwimmen, tanzen

Hobbys

____
____
____
____
____
____

Frühling, Sommer,
Herbst, Winter

Jahreszeiten

____
____

Kino, Disco, Stadt,
See, Schwimmbad,
Spielplatz, Skatepark

Freizeitorte

____
____
____

1 Kommunikation: Schreib die Sätze an die richtige Stelle.

Wie sieht dein Freund aus? | Na, wie geht's? | Er ist groß und hübsch. | Nein, lieber Tennis. | Ach, ich bin krank. | Nein, ich habe jetzt keine Lust. | Möchtest du mitspielen? | Ja, sehr gut. | Spielst du gern Fußball? | Kannst du tanzen? | Kommst du mit in den Zoo? | Ja, gern.

A

____

____

B

____

____

C

____

____

D

____

____

E

____

____

F

____

____

_____ /12 Punkte

2 Wortschatz: Was passt nicht? Streiche durch.

1. Im Haus: im Internet surfen ▪ Fernsehen ▪ Lesen ▪ Fußball spielen
2. Im Sommer: Schwimmen ▪ Skateboard fahren ▪ Snowboard fahren ▪ surfen
3. Musik: Klavier spielen ▪ Gitarre spielen ▪ Schach spielen ▪ Keyboard spielen

_____ /3 Punkte

3 Wortschatz: Schreib die Freizeitorte ins Kreuzworträtsel.

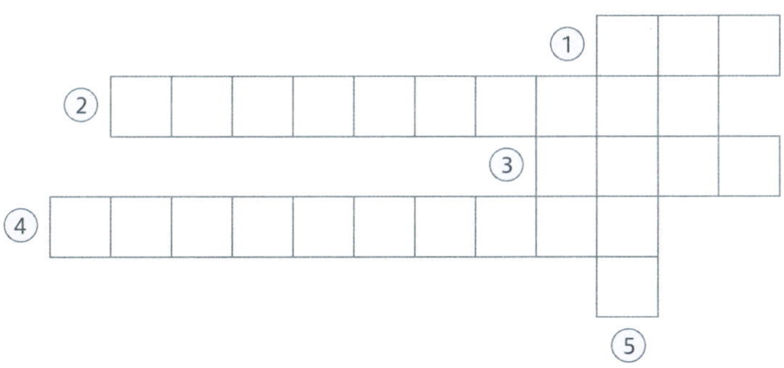

_____ /5 Punkte

4 Grammatik: Was ist richtig? Kreuze an.

1. Wir fahren ☐ in den / ☐ an den / ☐ auf den See.
2. Ich gehe ☐ auf die / ☐ auf den / ☐ auf das Spielplatz.
3. Gehen wir heute ☐ an die / ☐ in die / ☐ an den Stadt?

_____ /3 Punkte

5 Grammatik: Ergänze die Sätze mit *können* in der richtigen Form.

1. _____________ du Klavier spielen?
2. Wir _____________ heute nicht kommen.
3. Ich _____________ nicht gut schwimmen.
4. Emil _____________ gut surfen.
5. _____________ ihr mitkommen?

_____ /5 Punkte

6 Schau die Bilder an und ergänze die Sätze mit den Namen und *seine* oder *ihre*.

1. Das ist _____________ Bruder Alex.
   _____________ Haare sind rot.
2. _____________ Schwester heißt Eva.
   _____________ Haare sind blond und
   _____________ Augen sind blau.
3. Das ist _____________ Freund Max. _____________
   Augen sind grün und _____________ Haare braun.

_____ /8 Punkte

7 Schreib Sätze mit trennbaren Verben in der richtigen Form. Zusammen oder getrennt?

1. Ihr spielt Volleyball.
   (mitkommen) ▪ Ich ▪ möchte → *Ich* _____________________ .
2. Heute ist ein Fußballspiel.
   Max ▪ (hingehen) ▪ Aber ▪ nicht → *Aber* _____________________ .
3. Noras Bruder geht ins Rockkonzert.
   darf ▪ Und ▪ Nora ▪ (mitgehen) → *Und* _____________________ .
4. Wir spielen Basketball.
   ihr ▪ (mitspielen) → _____________________ ?

_____ /4 Punkte

40–34 Punkte ☺	33–21 Punkte 😐	20–0 Punkte ☹
Super. Du bist fit!	Na ja. Du musst noch üben.	Oje! Noch viel üben!

gesamt _____ /40 Punkte

Sieh nach, wie gut du schon bist ...

Einkaufen

6

a **Schreib die Wörter an die richtige Stelle.**

Auto | Theater | Jeans | Supermarkt | Kino | Bus | T-Shirt | Bibliothek | Fahrrad | Turnschuhe | Post

Fahrzeuge

____

____

____

Kleidung

____

____

____

in der Stadt

____

____

____

b **Du kennst schon viele Wörter und Sätze.**

einen Wunsch sagen

Was ______ *du?* ______ *Saft?*

Ich ______ *etwas kaufen.*

Was ______ *?*

Zweimal ______ *,* ______

______ *.*

Danke. ______

einen Weg beschreiben

Wohin ______ *? Nach* ______ *,*

nach ______ *,* ______ *?*

16 Ein Geburtstagsgeschenk

1 a Schreib die Wörter mit dem Artikel an die richtige Stelle.

← KB 1-2

Hund | Katze | Uhr | Ring | Ohrringe | Comics | Fahrrad | Tablet

1. der H _ _ _
2. ____ T _ _ _ _ _
3. ____ _ _ _
4. ____ _ _ _ _ _ _
5. ____ _ _ _ _
6. ____ _ _ _ _ _ _ _
7. ____ _ _ _ _ _ _
8. ____ _ _ _ _ _ _ _ _

b Schreib die Zahlen der Wörter aus **a** zu den Bildern.

A ____

B ____

C ____

D ____

E ____

F ____

G ____

H ____

2 Finde drei kleine Dialoge (immer vier Teile). Schreib sie in dein Heft.

← KB 3-4

Leon, du hast ja bald Geburtstag. | Richtig, am dritten Oktober. | Wann hast du Geburtstag? | Aha. Wer kommt denn? | Gar nicht super. Meine Eltern möchten eine Katze. | Was möchtest du denn? | Oje, das ist doof. | Ein Tablet. | Am Samstag. Ich mache eine Party. | Alle meine Freunde und ein Cousin aus Österreich. | Du möchtest einen Hund. Super! | Ich habe bald Geburtstag und wünsche mir einen Hund.

3 Was ist falsch? Streiche durch.

← KB 3-4

1. Wir möchten ein/einen Hund.
2. Was ist das denn? Ein/Einen Ohrring?
3. Hast du ein/einen Computer?
4. Ich wünsche mir ein/einen Ring.
5. Ein/Einen Freund von Lisa kommt heute.
6. Klara malt ein/einen Baum.

4 a Was passt zusammen? Kreuze an.

← KB 3-4

	ein Rucksack	einen Hund	ein Pferd	eine Katze	Turnschuhe
Das ist…					
Möchtest du…?					
Ich wünsche mir…					
Das sind….					

b Schreib zwölf Sätze in dein Heft.

5 Was passt? Kreuze an.

← KB 5-6

1. Du kannst mein Fahrrad haben.
   Ich brauche ... heute nicht.
   - a ihn
   - b es
   - c sie

2. Ist das deine Katze?
   Ich mag ... .
   - a ihn
   - b es
   - c sie

3. Ich mag deinen Hund.
   Ich finde ... so süß.
   - a ihn
   - b es
   - c sie

4. Hast du meine Comics?
   Ja, ich habe ... .
   - a ihn
   - b es
   - c sie

6 Lies die Sätze 1–12 und füll das Logical aus. Beantworte dann die Frage.

← KB 7

1. Tina ist vierzehn Jahre alt.
   Ihr Bruder heißt Tom.
2. Jan ist fünfzehn.
   Sein Lieblingshobby ist Surfen.
3. Eva malt sehr gern.
   Ihre Haare sind rot.
4. Leos Haare sind schwarz.
   Seine Katze ist auch schwarz.
   Sein Lieblingshobby ist Lesen.
5. Ihre Haare sind braun.
6. Ihr Lieblingshobby ist Schach spielen.
7. Sie ist zwölf. Ihre Katze ist weiß
   und auch zwölf Jahre alt.
8. Ihre Katze ist rot-weiß.
9. Er ist dreizehn, sein Bruder Emil auch.
10. Seine Haare sind blond.
11. Seine Katze ist schwarz-weiß.
12. Ihr Bruder heißt Paul.

Name					
Alter					
Haare					
Katze					
Lieblingshobby					
Bruder (Name)					

Wer hat keinen Bruder?

7 Schreib die Wörter ins Kreuzworträtsel. Hör die ü-Wörter zur Kontrolle.

3/08 Zu schwer? Dann hör zuerst die Wörter.

← KB 8

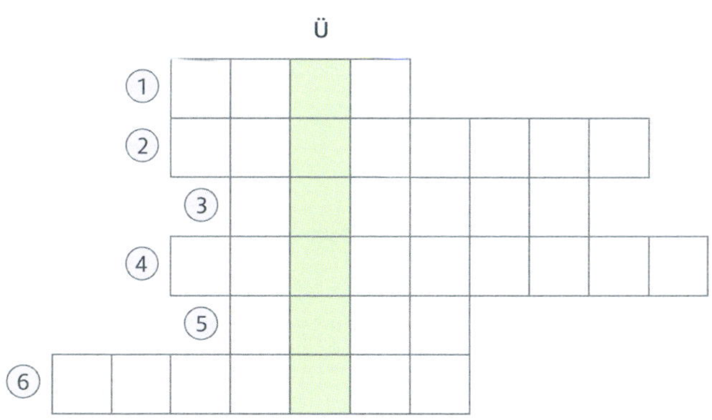

1. Mein Apfel ist (1).
2. (2), Sommer, Herbst und Winter
3. Pia sieht gut aus. Sie ist sehr (3).
4. Um acht Uhr gibt es (4).
5. Ich bin so (5). Ich möchte schlafen.
6. Auf Wiedersehen. (6)!

8 Hör genau zu. Schreib *u* oder *ü* in die Wörter.

3/09
← KB 8

Ich bin B___lent. Ich komme aus der T___rkei. Ich wohne in M___nchen. Ich bin Sch___ler. Ich gehe in die f___nfte Klasse. Mein Lieblingsfach ist K___nst. Ich male so gern. Ich möchte einmal K___nstler werden. Ich lese aber auch gern. Ich habe ganz viele B___cher. Zum Geb___rtstag w___nsche ich mir wieder ein B___ch. Ich habe zwei Br___der. Mein Br___der Hakan ist f___nfzehn. Mein Freund Br___no isst W___rstchen zum Fr___hst___ck. Also, ich mag W___rst gar nicht.

9 a Wem gehört was? Verbinde die Bilder mit den Wörtern in der richtigen Farbe.

← KB 9-11

Hund Rucksack Ball Handy Pferd Skateboard Gitarre Tasche Uhr

b Schreib Sätze mit *sein/seine* und *ihr/ihre* in dein Heft.

(A) Hier ist ein Mann.
Und das sind sein ...

10 a Ergänze die Tabelle.

← KB 9-11

Das ist ...	der Papagei	das Pferd	die Katze	der Hund
Jakob	*sein Papagei*			
Maja	*ihr Papagei*			

Er/Sie mag ...	**den** Papagei	das Pferd	die Katze	**den** Hund
Jakob	*seinen Papagei*			
Maja	*ihren Papagei*			

b Schreib Sätze in dein Heft. Erfinde selbst Namen für die Tiere.

Das ist Jakob. Und das sind seine Tiere:
sein Papagei Lori, ... Pferd ..., ...
Jakob mag seinen Papagei ... Er mag auch ...
Er findet ... nett/lustig/lieb/süß.

Das ist Maja. Und das sind ihre Tiere:
ihr Papagei ...
Maja mag ihren Papagei ... Sie ...

1 Verbinde die Dominosteine.

← KB 1-2

- * | Film
- Apotheke | Äpfel
- Sport-geschäft | Arzt
- Post | Bus
- Haltestelle | Kopf-schmerzen
- Kino | Paket
- Markt | Turnschuhe
- Krankenhaus | *

2 a Partnerübung: Zeichne deinen Weg ein.

← KB 3

b Tauscht die Arbeitsbücher. Beschreib den Weg. Schreib auf ein Blatt.

Du gehst ...

3 a Welche Antwort passt? Kreuze an. Schreib die Buchstaben ins Lösungswort.

← KB 4

1. Was möchtest du denn?
- D Ich möchte keine Bananen.
- M Ein Kilo Bananen, bitte.
- B Ich möchte nicht einkaufen.

2. Möchtest du noch etwas?
- E Hier bitte.
- O Nein, noch etwas.
- A Ja, einen Moment bitte.

3. Was kostet denn der Salat?
- R Eins zehn.
- L Der Salat ist gut.
- Z Der Salat kostet.

4. Ich nehme zwei.
- H Hier ist ein Salat.
- K Das macht zwei Euro zwanzig.
- N Hier ist Salat.

5. Was macht das?
- H Das kostet viel.
- T Das macht vier Euro 50.
- N Das macht nichts.

Lösungswort:

1.	2.	3.	4.	5.

b Schreib die Sätze 1–5 und die richtigen Antworten in dein Heft.
Dann entsteht eine kleine Geschichte.

4 a Schreib die Wörter ins Kreuzworträtsel.

← KB 6-7

T-Shirt | Pullover | Jeans | Kleid | Jacke | Mantel | Bluse

				①					K			
		②							L		
			③						E		
			④	T	-			I			
			⑤					D			
						⑥		E			
⑦								R			

A ____

C ____

E ____

F ____

D ____

B ____

G ____

b Schreib die Zahlen zu den Bildern.

5 Schreib den Plural von diesen Wörtern an die richtige Stelle: zu A, B, C, ...

← KB 6-7

~~Auto (E)~~ | Mädchen (A) | Bleistift (B) | Wald (H) | Fluss (G) | Architekt (D) | See (C) | Buch (H) | Künstler (A) | Garten (F) | Jacke (C) | Stadt (G) | T-Shirt (E) | Bibliothek (D) | Ring (B) | Bruder (F)

A	-	Pullover/Pullover		
B	-e	Schuh/ Schuhe		
C	-n	Bluse/Blusen		
D	-en	Uhr/Uhren		
E	-s	Comic/Comics	*Autos*	
F	¨	Mantel/Mäntel		
G	¨e	Ball/ Bälle		
H	¨er	Haus/Häuser		

6 Hör zu und ergänze den Brief.

3/10

← KB 8

Liebe Maren,

ich bin bei Oma Kathrin in Hausham. Das ist ein ____________ (a). Omas ____________ (b) hat einen ____________ (c). Viele ____________ (d) hier haben ____________ (e). Oma hat einen Apfelbaum. Die ____________ (f) sind so gut! Hier gibt es auch viele ____________ (g) und zwei ____________ (h). Ich habe schon Freunde hier, Ivo und seine zwei ____________ (i). Sein ____________ (j) Josef ist zwölf, Simon ist vierzehn. Wir nehmen oft die ____________ (k) und fahren in den ____________ (l) oder an einen ____________ (m). Das macht Spaß. Viele ____________ (n), Dein Leo

7 a Ergänze die Wortsterne.

← KB 9

Jeans ______ ______ ______ ______

Kleidung

Wald ______ ______ ______ ______

Natur

b Schreib weitere Wortsterne zu *Schulfächer, Medien/Computer, Hobbys und Sport.*

Krankenhaus ______ ______ ______ ______

Stadt

8 Finde vier kleine Dialoge (immer vier Teile). Schreib sie in dein Heft.

← KB 10

Mein Cousin wohnt jetzt in New York. | Welches? | Ich komme sofort. | Pia, Telefon! Deine Freundin. | Sofia. | Oh, die sind aber groß! | Na, dieses hier. | Sieh mal, die Hunde da. | Welcher denn? | Nein, das ist Marcos Rad. | Dieser hier, Tobias. | Welche Hunde? | Welche? | Na, diese da. | Super! | Ist das dein Fahrrad?

ENTDECKE DIE GRAMMATIK

Ergänze die Endungen und die Regel.

Nominativ	*maskulin*	*neutral*	*feminin*	*Plural*
	der Cousin	das Fahrrad	die Freundin	die Hunde
	welcher Cousin?	welches Fahrrad?	welche Freundin?	welche Hunde?
	dies___ Cousin	dies___ Fahrrad	dies___ Freundin	dies___ Hunde

welch- und dies-: *Endungen wie beim Artikel* ______, ______, ______, die

9 Schreib Sätze zu den Bildern mit *mich* oder *dich*.

← KB 10

1. Dieser Mantel ist für mich.
2. ______ für dich.
3. ______.
4. ______.
5. ______.
6. ______.

10 Was passt zusammen? Schreib die Zahlen ins Rechenrätsel.

← KB 11-12

A. Wie findest du diesen Mantel?
B. Hast du keinen Computer?
C. Trägst du keinen Ring?
D. Was kostet dieser Pullover?
E. Wer ist dieser Junge?
F. Ist das ein Bleistift?

1 Nein, ich mag keine Ringe.
2 Mein Freund Carlo.
3 Ich finde ihn gar nicht schön.
4 Nein, das ist doch kein Bleistift!
5 29 Euro.
6 Nein, nur ein Tablet.

Rechenrätsel: ____ + ____ − ____ + ____ − ____ + ____ = 15
A. B. C. D. E. F.

11 Schau die Bilder an und schreib Sätze mit *kein-* in der richtigen Form.

← KB 11-12

1. Anna hat ein Tablet.
2. Sie hat einen Ring.
3. Sie hat eine Uhr.
4. Sie hat Ohrringe.

Lisa hat ______________________ Tablet.
Sie ______________________ Ring.
____
____

12 Paul hat nichts. Schreib den zweiten Satz.

← KB 11-12

1. Paul möchte Gitarre spielen. Aber er hat *keine* ______________________.
2. Er möchte Fußball spielen. Aber er hat ______________________.
3. Er möchte Rad fahren. Aber ______________________.
4. Er trägt gern Jeans. Aber ______________________.

13 Ergänze die Tabelle und schreib Sätze in dein Heft.

← KB 13

Nominativ				*Akkusativ*			
maskulin	*neutral*	*feminin*	*Plural*	*maskulin*	*neutral*	*feminin*	*Plural*
der					das		
	ein					eine	
		meine		meinen			
			deine		dein		
	kein						keine

Wo ist/sind ...?
Hier ist/sind ...
... ist/sind ...

... ist nett/groß/...
... ist/sind weg.
... kostet/kosten ...

Ich habe ...
Er braucht ...
Hast du ...?

Sie möchte ...
Wir kaufen ...

1 a Lies die Fragen und Antworten. Welches Fragewort ist richtig? Kreuze an.

← KB 1-3

1. ... hat bald Geburtstag? ◆ Theos Cousin Emil.
   - a ▲ Welcher
   - b ▲ Wer
   - c ▲ Was
2. ... braucht Theo? ◆ Ein Geschenk.
   - a ▲ Was
   - b ▲ Warum
   - c ▲ Wohin
3. ... möchte Theo fahren? ◆ In die Stadt.
   - a ▲ Wo
   - b ▲ Woher
   - c ▲ Wohin
4. ... fährt Theo? ◆ Mit Lisa. Das ist seine Freundin.
   - a ▲ Wohin
   - b ▲ Was
   - c ▲ Mit wem
5. ... Bus fährt in die Stadt? ◆ Der Bus 68.
   - a ▲ Welche
   - b ▲ Welches
   - c ▲ Welcher
6. ... ist Lisa? ◆ Sie ist noch nicht da.
   - a ▲ Wer
   - b ▲ Wo
   - c ▲ Wie
7. ... macht Theo? ◆ Er wartet.
   - a ▲ Was
   - b ▲ Wie
   - c ▲ Warum
8. ... kommt Lisa? ◆ Jetzt.
   - a ▲ Warum
   - b ▲ Wann
   - c ▲ Mit wem
9. ... Bus nehmen die zwei? ◆ Den Bus 68.
   - a ▲ Welchen
   - b ▲ Wohin
   - c ▲ Wie
10. ... gehen sie? ◆ Ins Musikgeschäft.
    - a ▲ Wo
    - b ▲ Woher
    - c ▲ Wohin
11. ... kaufen sie? ◆ Eine Gajo-CD.
    - a ▲ Warum
    - b ▲ Wie
    - c ▲ Was
12. ... kostet die CD? ◆ Zwölf Euro 50.
    - a ▲ Was
    - b ▲ Wie alt
    - c ▲ Warum
13. ... findet Emil die CD? ◆ Super.
    - a ▲ Wer
    - b ▲ Wo
    - c ▲ Wie

b Mach Sätze aus Frage und Antwort. Schreib die Sätze der Reihe nach auf. Dann entsteht eine Geschichte.

Theos Cousin Emil hat ...

2 a Hör die Wörter und schreib sie an die richtige Stelle.

3/11

← KB 4

1. Sport: ________ ________ ________
2. Kleidung: ________ ________ ________
3. Musik: ________ ________ ________
4. Schulsachen: ________ ________ ________
5. Hobbys: ________ ________ ________
6. Medien: ________ ________ ________

Zu schwer? Hier sind die Wörter noch einmal:

Heft | Jacke | Fußball | Mantel | Lesen | Klavier | Bleistift | Tablet | Gitarre | Judo | Fernsehen | Computer

b Schreib zu jeder Zeile noch ein passendes Wort.

3 Was passt zusammen? Schreib die Zahlen ins Rechenrätsel.

← KB 5-6

A. Isst du gern Äpfel?
B. Essen Sie gern Bananen?
C. Wohin geht ihr morgen?
D. Wohin gehen Sie heute?
E. Was machen Sie am Sonntag?
F. Was macht ihr am Samstag?
G. Was lesen Sie gern?
H. Was liest du gern?

1 *Herr und Frau Berg:* Wir spielen Schach.
2 *Frau Huss:* Ins Kino.
3 *Pia:* Comics.
4 *Frau Huss:* Ja, sehr gern.
5 *Herr und Frau Berg:* Tierbücher.
6 *Jan und Tim:* In den Zoo.
7 *Jan und Tim:* Wir sehen fern.
8 *Pia:* Ja, aber noch lieber Bananen.

Rechenrätsel: ___ – ___ + ___ – ___ + ___ – ___ + ___ + ___ = 10
A. B. C. D. E. F. G. H.

4 a Ergänze die Fragen.

← KB 5-6

1.	*Wie* ?	*Wie heißen Sie?*
2.	*Woher kommst du?*	*Woher* ?
3.	*Wo* ?	?
4.	*Wie alt* ?	?
5.	*Was* ?	*Was machen Sie gern?*

b Schreib die Fragen an Lukas und Frau Wolf in dein Heft und schreib Antworten.

ENTDECKE DIE GRAMMATIK

Ergänze du oder Sie.

du →
← ___

du →
← ___

Sie →
← ___

So bildest du die Höflichkeitsform.

Wo sind die Kinder?
Wann kommen sie?
Die Kinder, wann kommen __ie? ← *3. Person Plural* → Herr Berg, wann kommen __ie?

Herr Berg, wo sind **Sie**?
Wann kommen **Sie**?

5 Finde den Weg.

← KB 5-6

Entschuldigen Sie bitte!

Was ist denn los?	Wer ist denn das?
Können Sie mir helfen?	Kann ich dir helfen?
Ja, nicht gern.	Ja, gern.
Ich habe eine Frage.	Ich habe keine Frage.
Was kannst du denn wissen?	Was möchtest du denn wissen?
Wo ist die Blumenstraße?	Wie ist die Blumenstraße?
Das ist nicht schwer.	Das ist doof.
Nicht wirklich?	Wirklich?
Du gehst hier nach rechts.	Du gehst nicht weiter.
Dann bist du schon da.	Dann bist du falsch.
Danke für die Blumenstraße.	Danke für die Hilfe.

6 Schreib vier kleine Dialoge in dein Heft.

← KB 5-6

● Entschuldigen Sie bitte. Können Sie mir helfen? ● Entschuldigung, ich habe eine Frage. ● Kannst du mir helfen? ● Können Sie bitte mal kommen?	▲ Was ist denn los? ▲ Was ist passiert? ▲ Was möchtest du denn wissen? ▲ Ja gern. ▲ Kann ich dir helfen?	● Mein ... ist weg. ● Wo ist ...? ● Gibt es hier ...? ● Haben Sie auch ...? ● Wo gibt es hier ...?	▲ Warte mal. ▲ Du gehst hier ... ▲ Da ist doch ...

Entschuldigen Sie bitte.
Können Sie mir helfen?
Was ist passiert? ...

7 Ergänze *sein-/ihr-* in der richtigen Form.

← KB 7

● Sieh mal, da ist Tobias.
Wie findest du ________ (a) Mantel?
▼ ________ (b) Mantel ist gar nicht schön.
Aber ich finde ________ (c) T-Shirt super.
● Was? ________ (d) T-Shirt ist doch doof. Und ________ (e) Schuhe sind auch blöd.
▼ Also, ich finde ________ (f) Schuhe toll. Und ________ (g) Uhr ist super!

● Sieh mal, da ist Emma.
Wie findest du ________ (h) Mantel?
▼ ________ (i) Mantel ist gar nicht schön.
Aber ich finde ________ (j) T-Shirt super.
● Was? ________ (k) T-Shirt ist doch doof. Und ________ (l) Schuhe sind auch blöd.
▼ Also, ich finde ________ (m) Schuhe toll. Und ________ (n) Uhr ist super!

8 Hören: Durchsagen

a Hör die drei Durchsagen. Wo kannst du sie hören? Kreuze an.

3/12-14 [a] In der Schule [b] Auf dem Spielplatz [c] Im Kaufhaus

b Zu welchen Durchsagen passen die Sätze? Schreib die Zahlen 1–3.
Vorsicht! Ein Satz passt gar nicht!

_____ T-Shirts kosten heute weniger.
_____ Ein Auto steht falsch.
_____ Ein Kind findet seine Mutter nicht mehr.
_____ Alle Kindermoden sind heute billig.

9 Lesen: Anzeigen

Mountain-Bike, drei Jahre alt, gut erhalten, zu verkaufen. 150 EUR
Tel. 07225/3186
(1)

Jeans für Jugendliche Größe 152 bis 176, fast neu, pro Stück 4,50 Euro
☎ 07441/8323
(3)

Verkaufe **Turnschuhe**, Größe 38, nur einmal getragen, Neupreis 129 € für 69 €
✆ 0711/4568
(5)

Comino-Comics, ☺ alle Bände von 1 bis 35, nur zusammen abzugeben
✉ alko@dt.net
(2)

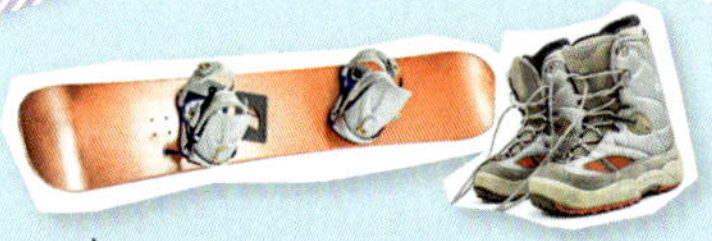

Snowboard Sniper, fast neu, und passende Schuhe zu verkaufen
jogab@neo.de
(4)

Gajo-CDs aus den Jahren 2012 - 2015 billig abzugeben
h.haus@haus.de
(6)

a Lies die Anzeigen. In welchen Anzeigen findest du den Preis („Was kostet das?“)?
Welche anderen Zahlen geben dir Informationen?

TIPP
Zahlen und Daten helfen beim Verstehen.

b Ergänze die Tabelle. Gibt es keine Information? Dann mach ein *?*.

Was?	*Mountain-Bike*	*Comics*	*Turnschuhe*	*Snowboard*		
Was kostet/kosten ...?			*69 Euro*			
Welche Größe?		*?*	*38*			

10 Schreiben: eine Antwort auf die Anzeige

a Lies noch einmal die Anzeige 4 in Aufgabe 9. Du findest das Snowboard interessant und möchtest es vielleicht kaufen. Welche Informationen gibt es in der Anzeige? Unterstreiche.

b Was möchtest du noch wissen? Schreib die Fragen auf.

c Schreib eine E-Mail. Schreib so: *Hallo, ich finde … interessant und möchte es …*
Schreib dann deine Fragen. Vergiss nicht den Schluss und deine E-Mail-Adresse.

bitte ankreuzen *hier falten*

einen Wunsch sagen

Was ______________________ ?

Ich __________ *einen* __________ .

Ich __________ *mir* __________ .

Was möchtest du?

Ich möchte einen Hund.

Ich wünsche mir eine Uhr.

ein Kaufgespräch führen

Was __________ *du denn* ?

Bitte ein ______________________ .

Was ______________________

__________ *denn die Äpfel* ?

__________ *das Kilo* .

Ich __________ *ein Kilo* .

Und ______________________

__________ *Bananen, bitte* .

____

__________ *das* ?

Das ______________________

__________ *vier Euro* .

Was möchtest du denn?

Bitte ein Kilo Äpfel.

Was kosten

denn die Äpfel?

Zwei 20 das Kilo.

Ich nehme ein Kilo.

Und ein Kilo

Bananen, bitte.

Was kostet/

macht das?

Das macht/

kostet vier Euro.

Hilfe erbitten

__________ *Sie bitte* !

____

__________ *bitte mal kommen* ?

Können Sie ______________________ ?

Ich habe ______________________ .

Entschuldigen Sie bitte!

Können Sie

bitte mal kommen?

Können Sie mir helfen?

Ich habe eine Frage.

hier falten

bitte ankreuzen

Apotheke, Geschäft, Krankenhaus, Post, Park, Haltestelle, Marktplatz, Markt, Kaufhaus, Kino, Schule, Schwimmbad, Spielplatz

In der Stadt

____

____

____

____

____

____

____

____

____

Pullover, Schuhe, Bluse, Jacke, Jeans, Mantel, Kleid, T-Shirt

Kleidung

____

____

____

____

Mädchen
Ohrringe
Blusen
Uhren
T-Shirts
Bücher
Äpfel
Fußbälle

Plural

Mädchen → ____________________

Ohrring → ____________________

Bluse → ____________________

Uhr → ____________________

T-Shirt → ____________________

Buch → ____________________

Apfel → ____________________

Fußball → ____________________

1 Kommunikation: Schreib die Sätze an die richtige Stelle.

Ja gern. | Was kosten die Äpfel? | Du hast bald Geburtstag | Entschuldigung, wo ist die Post? | Ja, ich wünsche mir eine Katze. | Das macht vier Euro. | Zwei Euro das Kilo. | Nein, nimm es nur. | Können Sie mir helfen? | Hier links. | Bitte zwei Kilo Bananen. | Brauchst du das Lineal noch?

_____ /12 Punkte

2 Wortschatz: Was passt nicht? Streiche durch.

1. Kaufhaus ▪ Disco ▪ Geschäft
2. Post ▪ Paket ▪ Park
3. Kino ▪ Bus ▪ Haltestelle
4. Apotheke ▪ Markt ▪ Krankenhaus

_____ /4 Punkte

3 Wortschatz: Finde sechs Kleidungsstücke und schreib sie an die richtige Stelle.

K	F	G	A	I	R	J	S	B	O	K
M	A	N	T	E	L	A	D	L	N	L
H	R	X	L	Y	S	C	H	U	H	E
Z	T	B	I	L	N	K	E	S	P	I
P	U	L	L	O	V	E	R	E	T	D

1. __________

2. __________

3. __________

4. __________

5. __________

6. __________

_____ /6 Punkte

4 Grammatik: Was ist richtig? Kreuze an.

1. Das Kind mag [a] sein [b] seinen [c] ihren Ball.
2. Das sind Lena und [a] seine [b] ihr [c] ihre Freundin.
3. Der Junge hört gern [a] sein [b] seine [c] ihre CDs.
4. Maria findet [a] ihren [b] seinen [c] seine Onkel nett.
5. Das ist Herr Maier. [a] Sein [b] Ihr [c] Seine Katze heißt Musch.

___ /5 Punkte

5 Grammatik: Schau das Bild an und ergänze *einen – ein – eine* oder *keinen – kein – keine*.

1. Julia hat ___ Tasche.
2. Sie hat ___ Ohrringe.
3. Sie hat ___ Hund.
4. Sie hat ___ Fahrrad.
5. Sie hat ___ Computer.

___ /5 Punkte

6 Grammatik: Was ist falsch? Streiche durch.

1. Das ist Leos Bruder. Ich finde er/ihn doof.
2. Du kannst meine Comino-Comics haben. Ich brauche sie/ihn nicht mehr.
3. Ist das dein Fahrrad? Ich finde sie/es toll.

___ /3 Punkte

7 Grammatik: Ergänze *welch-* und *dies-* in der richtigen Form.

1. ▲ ___ Jacke findest du besser? ___ oder die da?
2. ▲ Sieh mal, das Kleid da. ● ___ Kleid? ▲ Na, ___ da.
3. ▲ ___ Pullover ist besser? ___ oder der da?
   ● Ich finde ___ Pullover besser.

___ /7 Punkte

8 Ergänze die Fragen.

1. ▲ Herr Huber, wie alt ___? ● Ich bin 30 Jahre alt.
2. ▲ Frau Held, ___? ● Ja, ich komme heute.
3. ▲ Herr und Frau Berg, ___? ● Nein, wir haben keine Zeit.

___ /3 Punkte

45–34 Punkte 🙂	33–21 Punkte 😐	20–0 Punkte ☹️	gesamt ___ /45 Punkte
Super. Du bist fit!	Na ja. Du musst noch üben.	Oje! Noch viel üben!	

Sieh nach, wie gut du schon bist …

Tiere

7

a **Schreib die Wörter an die richtige Stelle.**

Würstchen | Wasser | Cola | Kartoffeln | Kaffee | Apfel | Fisch | Milch

Getränke

____

____

____

____

Essen

____

____

____

____

b **Du kennst schon viele Wörter und Sätze.**

Vorlieben ausdrücken

Spielst ________ *gern* ____________ ?

Nein, lieber ____________________ .

Was spielst du ______ , ______ *oder* ______ ?

______________________________ .

eine Meinung sagen

Wie ____________ *du Pop?*

Ich ____________ *Pop blöd.*

____________ *du Hip-Hop?*

Ja, ich ____________ *Hip-Hop super!*

19 Viele Tiere

1 a Wie heißen die Tiere richtig? Schreib in die Pluralspalte links.

← KB 1-2

Hungeien | Meerde | Schildschweinchen | Papazen | Katkröten

Plural	*Singular*

b Schreib die Tiere im Singular mit Artikel *der* – *das* – *die* in die Spalte rechts.

2 a Was können die Tiere? Kreuze an.

← KB 3

	Papagei	Hund	Meerschweinchen	Katze	Schildkröte
schwimmen					
lesen					
schnell laufen					
Rad fahren					
sprechen					
tanzen					
fliegen					
viel schlafen					

b Schreib Sätze (auch Quatsch-Sätze) in dein Heft.

Ein Hund kann …, aber er kann nicht …
Katzen können …, aber sie …
Mein Hund kann Klavier spielen, aber er kann nicht …

3 Wie sind die Tiere? Schreib das Gegenteil ins Kreuzworträtsel.

← KB 3

				⑦								
①												
②			*j*	*u*	*n*	*g*						
③												
④												
⑤												
⑥												

① ↔ schnell
② ↔ alt
③ ↔ weiß
④ ↔ dumm
⑤ ↔ groß
⑥ ↔ ⑦

4 Finde drei kleine Dialoge (immer vier Teile). Schreib sie in dein Heft.

← KB 3

Magst du Papageien? | Lieber Katzen. | Ich mag keine Schildkröten. | Schildkröten sind langweilig. | Ja, sie sind lieb und intelligent. | Ja, sehr gern. | Sie sehen so schön bunt aus. | Katzen? Wirklich? | Warum denn nicht? | So ein Quatsch! | Aha. Und warum? | Magst du lieber Hunde oder Katzen?

5 a Ergänze die Fragewörter.

← KB 4-5

1. ◆ ______________ ist deine Katze? ▲ Erst zehn Monate.
2. ◆ ______________ Farbe hat dein Papagei? ▲ Grün und rot.
3. ◆ ______________ heißt dein Meerschweinchen? ▲ Milli.
4. ◆ ______________ kostet der Hund? ▲ 50 Euro.
5. ◆ ______________ kann dein Papagei? ▲ Sprechen.
6. ◆ ______________ kommen die Schildkröten? ▲ Aus Griechenland.

Zu schwer? Die Fragewörter helfen dir.

Woher | Welche | Was (2 x) | Wie alt | Wie

b Schreib Fragen wie in **a** für deinen Partner auf ein Blatt. Tauscht die Blätter. Denkt euch Antworten aus.

Frage	Antwort
Wie alt ist dein Hund?	Acht Jahre.

6 a Zu welchen Tieren passen die Sätze? Schreib A oder B.

← KB 4-5

___ Das ist Hasso.
___ Das ist Billy.
___ Er ist klein.
___ Er ist acht Jahre alt.
___ Er ist schwarz-braun.
___ Er ist acht Monate alt.
___ Er ist groß.
___ Er ist schwarz-weiß.

b Schreib in dein Heft.

Das ist …
Er …

7 Wer wohnt wo? Schreib Sätze in dein Heft.

← KB 6

Lina: Schulstraße 30
Rosi: Gartenstraße 12
Tobias: Marktplatz 11
Jonas: Goetheplatz 3
Eva: Schillerplatz 8
Theo: Waldstraße 14

… wohnt in der/am …

8 a Ordne den Dialog. Schreib die Zahlen.

← KB 7-9

____ Ich war zu Hause.
____ Und wie war's?
____ Warst du lange da?
____ Ganz nett.
____ Zu Hause?

____ Zwei Stunden. Julian war auch da.
__1__ Wo warst du denn gestern?
____ Ach so, deine Oma! – Also, ich war bei Paul.
____ Ja, meine Oma war da.
____ Was? Julian? Und ich war nicht da. So ein Mist!

b Schreib den Dialog in dein Heft.

9 Ergänze die Formen von *sein* im Präteritum.

← KB 7-9

1. Ich bin heute bei Tante Eva. — Ich ________ gestern bei Maria.
2. Wo bist du gerade? — Wo ________ du gestern?
3. Wir sind im Juli in Italien. — Wir ________ letztes Jahr in Spanien.
4. Seid ihr nicht zu Hause? — ________ ihr gestern auch nicht zu Hause?
5. Jan ist jetzt wieder gesund. — Er ________ letzte Woche krank.
6. Meine Eltern sind heute in Wien. — Sie ________ gestern in Salzburg.

ENTDECKE DIE GRAMMATIK

Ergänze die Verbformen und die Regel.

ich	*war*	wir	*waren*
du		ihr	
er/es/sie		sie/viele/Sie	

Die 1. und die 3. Person Singular, ich *und* er/es/sie *sind gleich:* ____
Die 1. und die 3. Person Plural, wir *und* sie/Sie *sind gleich:* ____

10 Präsens oder Präteritum? Ergänze die Formen von *sein*.

← KB 7-9

1. ◆ Wo ________ ihr denn gestern?
   ▲ Wir ________ bei Karla.
2. ● Wo ________ denn nur meine Hefte?
   ■ Hier ________ sie doch.
3. ◆ Tut mir leid, ich kann nicht kommen. Ich ________ krank.
4. ▼ Frau Bauer, wo ________ Sie gestern? ________ Sie krank?
5. ● Ich gehe in die Klasse 7b. Wir ________ 15 Mädchen und 14 Jungen.
6. ◆ Ich ________ so müde. Ich ________ gestern in der Disco.

1 Suche elf Wörter. Schreib sie dann zu den Bildern.

← KB 1

T	K	U	C	H	E	N	E	W	R	S	U	T	O
G	A	S	S	Ä	P	B	R	Ö	T	C	H	E	N
N	K	E	A	M	A	R	M	E	L	A	D	E	V
K	A	F	F	E	E	O	B	S	T	H	I	S	E
V	O	Z	T	F	D	T	B	K	Ä	S	E	B	I

1. ______________

2. ______________ 3. ______________ 4. ______________ 5. ______________ 6. ______________

7. ______________ 8. ______________ 9. ______________ 10. ______________ 11. ______________

2 Was passt nicht? Streiche durch.

← KB 1

1. Eis ▪ Schokolade ▪ Kuchen ▪ Ei
2. Fleisch ▪ Käse ▪ Wurst ▪ Würstchen
3. Gemüse ▪ Fisch ▪ Kartoffeln ▪ Salat
4. Marmelade ▪ Bananen ▪ Obst ▪ Äpfel
5. Brot ▪ Kuchen ▪ Suppe ▪ Brötchen
6. Limonade ▪ Kakao ▪ Kaffee ▪ Tee

3 Und jetzt du: Wann isst du was? Verwende die Wörter aus 2 und schreib in dein Heft. Du kannst auch andere Wörter dazu schreiben.

← KB 1

Frühstück:
Mittagessen:
Abendessen:

4 a Was schmeckt wem? Verbinde Essen und Trinken mit den Tieren.

← KB 2

b Schreib Sätze in dein Heft.

3/15 Zu schwer? Dann hör zuerst die Sätze.

Fleisch schmeckt dem …

c Hör die Sätze zur Kontrolle.

3/15

5 Ergänze die Artikel im Dativ.

← KB 2

1. ◆ Morgen kommen Opa und Oma. Was mache ich denn da? ▲ Mach doch Pizza.
   ◆ Was? Pizza schmeckt doch ________ Oma nicht. ▲ ________ Opa schon.
2. ◆ Esst ihr oft Würstchen? ▲ Ja, die schmecken ________ Hund so gut. ◆ Quatsch!
3. ◆ Tante Helga hat bald Geburtstag. Ich mache einen Kuchen.
   Obstkuchen schmeckt ________ Tante so gut.
4. ◆ Ich habe einen Apfel. Schmecken ________ Pferd Äpfel? ▲ Ja klar.

ENTDECKE DIE GRAMMATIK

Ergänze die Tabelle und die Regel. Schreib die Artikel farbig.

		maskulin	*neutral*	*feminin*
Nominativ	Hier ist ...	*der Mann*		
Akkusativ	Bello mag ...			*die Frau*
Dativ	Pizza schmeckt ...		*dem Kind*	

Maskulin und neutral haben im Dativ den gleichen Artikel: ________

6 a Ergänze: *mir – dir – uns – euch.*

← KB 3-4

1 ◆ Entschuldigung, können Sie ________ helfen?
▲ Ja klar. Wie kann ich ________ denn helfen?

2 ◆ Hallo, Oma, wie geht es ________?
▲ Danke, ________ geht es sehr gut.

3 ◆ Na, schmeckt ________ die Suppe?
▲ Na ja, Pizza schmeckt ________ besser.

b Welche Sätze passen zu den Dialogen? Schreib die Zahlen.

____ Super! Wann kommst du denn?
____ Ich finde die Seestraße nicht.
____ Also gut, morgen gibt es Pizza.

c Schreib die ganzen Dialoge in dein Heft. Hör die Dialoge zur Kontrolle.

3/16-18

7 a Wo sind die Sachen? Ergänze die Wortsterne. Viele Sachen passen in mehrere Zimmer. Schreib Wortsterne zu *Schlafzimmer* und *Bad* in dein Heft.

← KB 5-6

Schrank | Kühlschrank | Bett/Betten | Lampe/Lampen | Tisch | Stuhl/Stühle | Fenster/Fenster | Tür/Türen

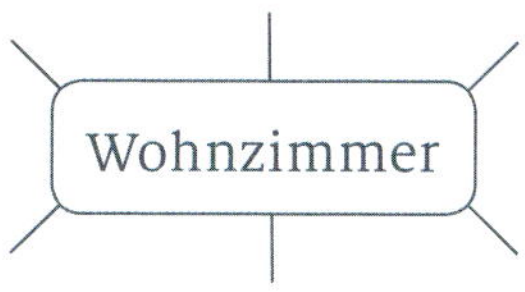

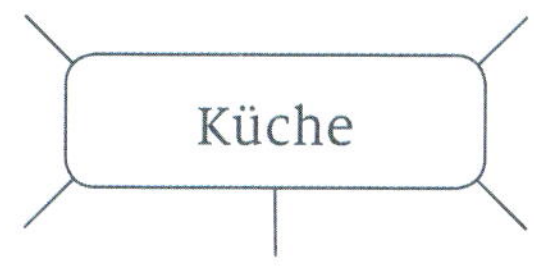

b Schreib Sätze in dein Heft.

Im Wohnzimmer sind ein ..., vier ...
In der Küche ...

8 Schreib die Wörter ins Kreuzworträtsel.

← KB 5-6

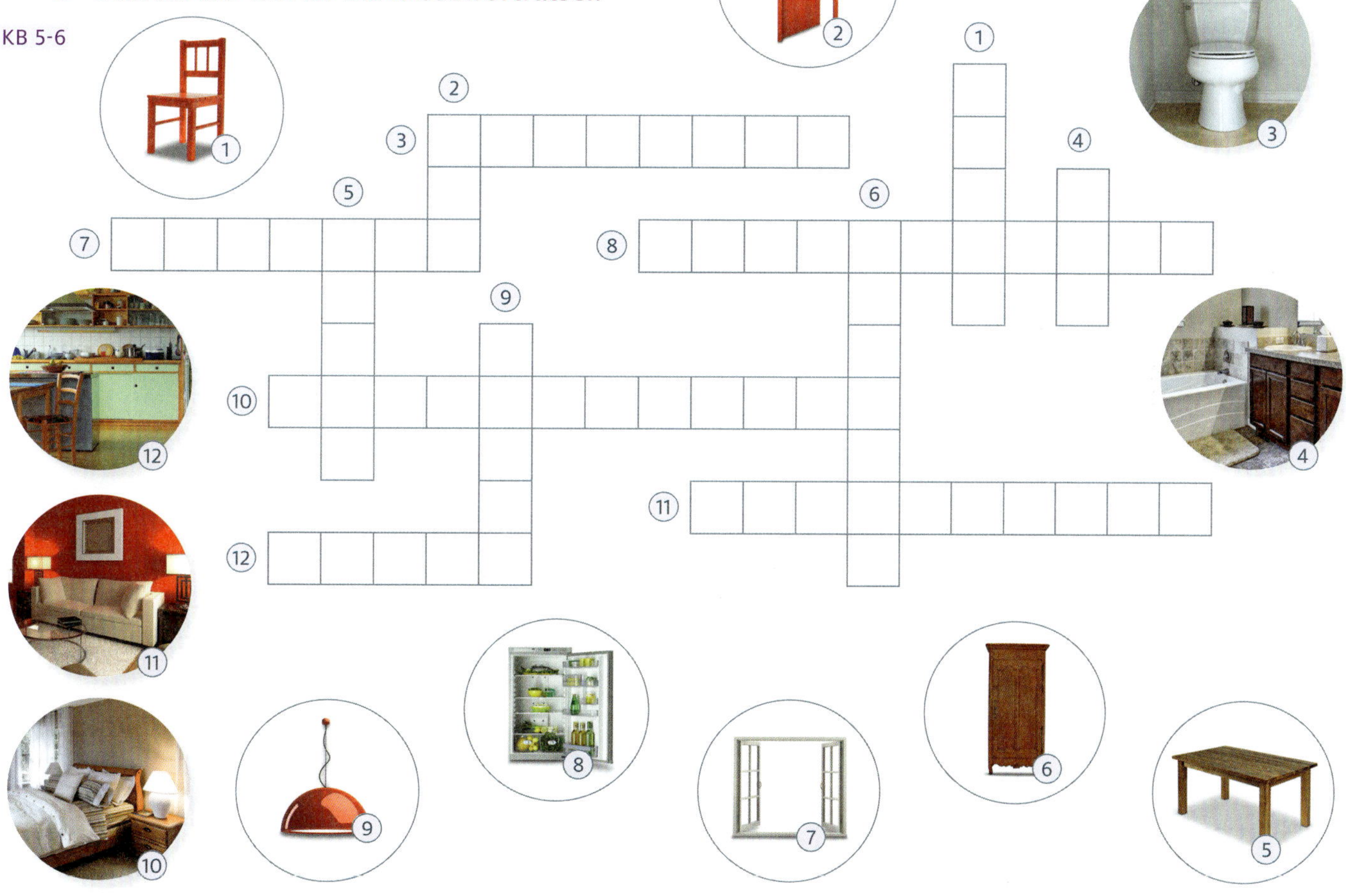

9 Was gehört zusammen? Mach vier Paare mit den Wörtern aus 8.

← KB 5-6

1. Tisch und ___________
2. Fenster und ___________
3. Bad und ___________
4. Wohnzimmer und ___________

10 **Lies die Sätze 1–9 und füll das Logical aus. Beantworte dann die Fragen.**

← KB 5-6

1. Lena hat eine Schwester.
2. Tim hat einen Papagei.
3. Sara isst gern Pizza.
4. Jans Hund heißt Bello.
5. Bello schläft immer in der Küche.
6. Würstchen schmecken dem Jungen gut. Sein Tier schläft im Wohnzimmer.
7. Sie hat keine Geschwister, aber eine Katze.
8. Ihre Schildkröte schläft im Garten.
9. Sein Bruder isst gern Fisch. Das schmeckt dem Jungen auch.

Name				
isst gern ...				
Geschwister				
Haustier				
Das Haustier schläft ...				

Wer hat zwei Brüder? Wer isst gern Gemüse? Welches Tier schläft auf dem Bett?

11 **Ergänze:** ***im/in der – am/an der – auf dem/auf der***

← KB 5-6

1. Die Katze ist ________________ Tasche.
2. Das Heft ist ________________ Tisch.
3. Der Käfig ist ________________ Fenster.
4. Der Papagei ist ________________ Tür.
5. Das Lineal ist ________________ Buch.
6. Der Hund ist ________________ Tür.

12 **Vergleiche die Bilder. Schreib Sätze in dein Heft.**

← KB 5-6

Bild A: Der Papagei ist auf dem Schrank.
Bild B: Der Papagei ist ...
...

1 Welche Antwort passt? Kreuze an.

← KB 1-2

1. ◆ Warum warst du denn gestern nicht bei Jonas?
   - [a] ▲ Ich hatte Zeit.
   - [b] ▲ Ich hatte keine Angst.
   - [c] ▲ Ich hatte keine Lust.
2. ◆ Die Suppe ist ja immer noch da. Hattet ihr keinen Hunger?
   - [a] ▲ Na ja, wir hatten keinen Durst.
   - [b] ▲ Na ja, wir hatten keine Zeit.
   - [c] ▲ Na ja, wir hatten kein Glück.
3. ◆ Paula hatte gestern Geburtstag.
   - [a] ▲ Wirklich? Wir hatten Geld.
   - [b] ▲ Wirklich? Wir hatten Pause.
   - [c] ▲ Wirklich? Wir hatten keine Ahnung.
4. ◆ Wo warst du denn gestern? Hattest du keine Zeit?
   - [a] ▲ Ach, meine Eltern hatten Kopfschmerzen.
   - [b] ▲ Ach, ich hatte Kopfschmerzen.
   - [c] ▲ Ach, ich hatte keine Kopfschmerzen.

2 Schreib zwölf Sätze mit *haben* im Präteritum und diesen Wörtern in dein Heft.

← KB 1-2

keine Ahnung | Angst | Halsschmerzen | Hunger | Durst | Mathe/Deutsch/Physik/... | Geburtstag | (kein) Geld | (keine) Lust | (keine) Zeit | (keine) Schule | (keinen) Unterricht

Ich hatte keine Ahnung.
Wir hatten gestern keine Schule.

3 a Lies den Anfang der vier lustigen Gedichte. Ergänze *haben* im Präteritum.

← KB 1-2

① Ich *hatte* Hunger.
Ich ________ Durst.

③ Wir ________ heute Englisch.
Wir ________ auch Chemie.

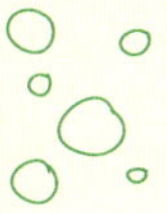

② In der Pizzeria ________ sie Pizza
und alles, was es so gibt.

④ Anna ________ Geburtstag.
________ ihr keine Zeit?

b Ergänze *haben* im Präteritum in den nächsten Teilen.

2 Hannes war so traurig.
Er ________ Geld, aber keinen Appetit.

____ Wir ________ keine Ahnung.
Es tut uns wirklich leid.

____ Ich ________ eine Katze.
Sie ________ meine Wurst.

____ Wir ________ dann noch Mathe.
Die Aufgaben ________ du nie.

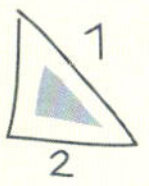

c Zu welchen Gedicht-Teilen gehören die Sätze von b? Schreib die Zahlen.

d Schreib die Gedichte in dein Heft. Hör die Gedichte zur Kontrolle.

3/19-22

4 **Schreib Jans Geschichte als E-Mail an seinen Freund Paul. Verwende die Ich-Form und das Präteritum. Vergiss Anrede und Schluss nicht.**

← KB 1-2

Die Schüler haben heute in der ersten Stunde Mathe. Und Jan hat keine Hausaufgaben! Aber kein Problem. Es ist erst Viertel vor acht. Er hat ja noch eine Viertelstunde Zeit. Abschreiben, bei Alex oder Lia. Aber sie haben die Hausaufgaben auch nicht. Zu schwer! Na ja, die zwei haben kein Problem. Sie haben eine Drei in Mathe. Aber Jan hat eine Fünf! Was jetzt? Langsam hat er Angst. Es ist acht Uhr. Da ist Frau Blum, die Deutschlehrerin. Sie haben jetzt Deutsch. Der Mathelehrer ist krank.

Lieber Paul,
wir hatten gestern ... Und ich ...

5 a **Und jetzt du. Hör die Fragen, lies mit und kreuze an.**

3/23
← KB 3-4

	Ja	Nein
1. Ist eure Schule groß?	☐	☐
2. Ist euer Klassenzimmer schön?	☐	☐
3. Ist eure Klasse klein?	☐	☐
4. Sind eure Lehrer nett?	☐	☐
5. Ist euer Sportunterricht am Nachmittag?	☐	☐
6. Findet ihr euren Sportlehrer/eure Sportlehrerin sympathisch?	☐	☐
7. Hat eure Schule ein Schwimmbad?	☐	☐

b **Schreib Antworten in dein Heft.**

Unsere Schule ist (nicht) ...

6 a **Schau das Bild an und ergänze: *unser* – *euer*. Hör dann die Dialoge zur Kontrolle.**

3/24-26
← KB 3-4

1. ● ________ Sportstunde heute war super.
◆ ________ Sportlehrer ist aber auch sehr nett.
● Ja, wir mögen *unseren* Sportlehrer sehr.
◆ ________ Sportlehrer macht immer nur Gymnastik.

2. ● Sieh mal, da kommt ________ Cousine.
◆ Ist das ________ Cousine?
● Ja.
◆ Die ist aber hübsch.

3. ◆ Ich finde Herrn Müller super.
● Meinst du ________ Physiklehrer?
◆ Ja, ich meine ________ Physiklehrer.
● Wirklich?

b **Schreib weitere Dialoge wie in Dialog 3.**

Herr Maier → Mathelehrer
Frau Moser → Musiklehrerin

7 a Lies den Text und ergänze *eu*-Wörter.

3/27 Zu schwer? Dann hör zuerst den Text.

← KB 5

Emilio ist erst ein Jahr in Deutschland (a). Er ist ________ (b) an der Schule. Er spricht schon ganz gut ________ (c).
________ (d) hat Emilio Geburtstag. Er möchte so gern eine Party machen. Aber eine Party ist zu ________ (e). Und dann, wer kommt denn? Emilio hat noch keine ________ (f).
Emilio ist zu Hause. Er ist traurig. Aber was ist das? Da kommen so viele ________ (g), ________ (h) Jungen und zehn Mädchen! Die ganze Klasse, alle ________ (i)! Und Herr Horn, der ________ (j) ist auch da. Sie haben Kuchen dabei und Limonade. Sie sagen: „Alles Gute zum Geburtstag!" „Mama, sieh mal, meine ganze Klasse ist da", sagt Emilio. Und Mama sagt: „Und ________ (k) Lehrer ist auch dabei. Das ist ja nett. Kommt rein!"

b Hör die eu-Wörter zur Kontrolle.

3/28

8 a Ergänze *unser-* in der richtigen Form.

← KB 6

________ Hund ist weg! Er heißt Hugo. ________ Hugo ist klein und weiß-braun. Wer findet ________ Hund?
Hier ist ________ Adresse:
Lia und Andi Schmid Waldstraße 12, Goch
Tel. 02823/80328

b Tom Meier findet Hugo. Er ruft bei Lia und Andi an. Schreib das Telefongespräch.

- ● Hier Lia …
- ■ Hallo, hier …
- ● Ja bitte?
- ■ Ihr sucht doch …
- ● …
- ■ Ich habe …
- ● Wirklich?
- …

9 a Hören: Hör die drei Telefongespräche. Was haben sie gemeinsam?

3/29-31

[a] Krank sein [b] Schule [c] Tiere

b Hör die Telefongespräche 1 – 3 noch einmal und ordne die Wörter zu.

3/29-31

Pferd ____ Papagei ____ Hund ____

c Lies die Sätze. Was ist richtig? Was ist falsch?

	richtig	falsch
1. Otto hat einen Papagei.	☐	☐
2. Pia hat Halsschmerzen.	☐	☐
3. Elena hat einen Hund.	☐	☐
4. Max wohnt in Neustadt.	☐	☐
5. Maja war nicht in der Schule.	☐	☐
6. Lea heißt Lenz.	☐	☐

10 Lesen: eine Geschichte

1 Heute hat die Klasse 7c Biologie. Das Thema ist „Papageien". Emma hat einen Papagei. Den bringt sie heute mit in den Unterricht. Frau Lorenz, die Biologielehrerin, sagt: „Das ist ein Graupapagei. Graupapageien kommen aus Afrika. Und sie können sehr gut sprechen."

2 Jakob, so heißt der Papagei, ist sehr nervös. Da sind so viele Schüler! Er läuft immer hin und her. Aber der Käfig ist zu. Emma nimmt den Papagei heraus. Jakob sagt: „Guten Tag, Jakob, guten Tag." Alle lachen.

3 Auf einmal fliegt Jakob weg. Jetzt sitzt Jakob auf der Tafel. „Jakob, komm", sagt Emma. Aber der Papagei kommt nicht. „Du bist doof!", sagt Jakob. Und alle Schüler lachen. Jakob läuft hin und her.

4 „Pst!", sagt Frau Lorenz. Jetzt sind alle Schüler ruhig. Emma geht langsam zu Jakob. Jetzt kommt Jakob mit. Emma bringt den Papagei in den Käfig zurück. Dann macht sie den Käfig zu. Der Unterricht heute ist wirklich interessant.

a Welcher Titel passt zu den Textabschnitten?

____ Emma holt den Papagei.
____ Jakob ist nervös.
____ Wo ist Jakob?
____ Klasse 7c hat Besuch.

b Was macht der Papagei? Unterstreiche im Text mit blau. Was macht Emma? Unterstreiche mit grün. Was machen die Schüler? Unterstreiche mit gelb.

11 Schreiben: eine Antwort auf eine Anzeige

Unsere Katze hat Junge. Vier kleine, wunderschöne Katzen.
Wir können sie nicht behalten. Wer mag Katzen?
Wer hat Platz, vielleicht sogar einen Garten?
huber@t-mail.at

a Lies die Anzeige. Du möchtest eine Katze. Aber du brauchst mehr Informationen. Welche Fragen stellst du? Schreib die Fragen auf.

Welche Farbe …?
Wie alt …?
Wo …? …

b Überlege: Welche Informationen über dich möchtest du geben? Schreib auf.

Name – Alter – Ich mag … – Ich wohne … – Wir haben …

c Schreib die E-Mail. Verwende deine Notizen.

Hallo, ich heiße/mein Name ist …

bitte ankreuzen

hier falten

eine Meinung begründen

____ du gern ____ ?

Nein, ____ so gern.

Und ____ nicht ?

____ langweilig.

Magst du lieber ____

oder ____ ?

Ich mag ____ .

Und ____ ?

Hunde ____ .

Magst du gern Schildkröten?
Nein, nicht so gern.
Und warum nicht?
Schildkröten sind langweilig.
Magst du lieber Katzen
oder Hunde?
Ich mag lieber Hunde.
Und warum?
Hunde sind intelligent.

ein Tier beschreiben

Wie ____ ?

Er ist zehn ____ alt.

Welche ____ ?

Er ____ .

Er kann ____ .

Wie alt ist der Papagei?
Er ist zehn Jahre alt.
Welche Farbe hat er?
Er ist blau und gelb.
Er kann gut sprechen.

eine Adresse nennen

Wer ____ in ____

____ ?

Lena wohnt ____

____ .

Heiko ____

____ .

Wer wohnt in der
Parkstraße 20?
Lena wohnt in der
Parkstraße 20.
Heiko wohnt am
Marienplatz 3.

über Vorlieben sprechen

Was ____ dir gut ?

____ mir ____ .

Was ____ besser,

____ oder ____ ?

Käse ____ mir ____ .

Was schmeckt dir gut?
Fisch schmeckt mir gut.
Was schmeckt dir besser,
Wurst oder Käse?
Käse schmeckt mir besser.

hier falten

bitte ankreuzen

Tiere

Hund, Papagei,
Meerschweinchen,
Katze,
Schildkröte

Essen und Trinken

Kuchen
Kakao
Ei
Marmelade
Eis
Fleisch
Gemüse
Schokolade
Suppe

Wohnung und Möbel

Wohnzimmer
Schlafzimmer
Küche
Bad

Fenster
Tür
Tisch
Stuhl
Schrank
Bett
Lampe
Kühlschrank

1 Kommunikation: Schreib die Sätze an die richtige Stelle.

Fisch mag ich lieber. | Sie schmeckt mir nicht. | Wo wohnst du? | Ja, aber nicht so gut. | In der Maistraße 8. | Warum isst du denn die Suppe nicht? | Du, ich habe jetzt einen Hund. | Was schmeckt dir besser, Fisch oder Wurst? | Magst du lieber Katzen oder Hunde? | Aha, welche Farbe hat er denn? | Katzen, die sind so lieb. | Kann dein Papagei sprechen?

A

____

____

B

____

____

C

____

____

D

____

____

E

____

____

F

____

____

_____ /12 Punkte

2 Wortschatz: Schreib die Wörter zu den Bildern.

1. ______________

2. ______________

3. ______________

4. ______________

5. ______________

_____ /5 Punkte

3 Wortschatz: Schreib die Wörter an die richtige Stelle und dann die Nummern zu den Bildern.

Fleisch | ~~Marmelade~~ | Schokolade | Eis | Ei | Gemüse

1. _ _ _ _ _ _ _
2. _ _ _ _ _ _ _ _
3. M a r m e l a d e
4. _ _
5. _ _ _ _ _ _ _ _ _ _
6. _ _ _

 ___

 ___

 ___

 ___

 ___

 ___

_____ /5 Punkte

4 Wortschatz: Was passt nicht? Streiche durch.

1. Schlafzimmer: Lampe ▪ Bett ▪ Kühlschrank ▪ Schrank ▪ Fenster
2. Wohnzimmer: Schrank ▪ Tisch ▪ Stuhl ▪ Toilette ▪ Tür
3. Küche: Kühlschrank ▪ Tisch ▪ Stuhl ▪ Bett ▪ Lampe

____ /3 Punkte

5 Grammatik: Ergänze die Formen von *haben* und *sein* im Präteritum.

1. ◆ Warum ____ du gestern nicht da? ▲ Ich ____ keine Zeit.
2. Elli ____ traurig. Sie ____ nur eine Vier in Mathe.
3. Die Kinder ____ allein zu Hause. Sie ____ aber keine Angst.
4. Ihr ____ gestern nicht bei Jan. ____ ihr keine Lust?

____ /8 Punkte

6 Grammatik: Was ist falsch? Streiche durch.

1. Milch schmeckt dem/der Katze.
2. Wurst schmeckt dem/der Hund.
3. Apfel schmeckt dem/der Meerschweinchen.
4. Salat schmeckt dem/der Schildkröte.

____ /4 Punkte

7 Grammatik: Wo ist die Katze? Schreib auf.

1.  *im Bett*
2.  ____
3.  ____
4.  ____
5.  ____

____ /4 Punkte

8 Grammatik: Ergänze *unser-* und *euer-* in der richtigen Form.

1. ◆ Seht mal, das ist Lumpi, ____ Hund. ▲ Ich finde ____ Hund sehr süß.
2. ◆ Ist das ____ Katze? ▲ Ja, wie findet ihr denn ____ Katze? ◆ Lieb.
3. He, Lumpi, was ist denn los? Ich glaube, ____ Hund mag ____ Katze nicht.

____ /6 Punkte

47–40 Punkte ☺	39–25 Punkte 😐	24–0 Punkte ☹
Super. Du bist fit!	Na ja. Du musst noch üben.	Oje! Noch viel üben!

gesamt ____ /47 Punkte

Sieh nach, wie gut du schon bist …

8

Ferien und Reisen

a **Schreib die Wörter an die richtige Stelle und ergänze noch ein Wort.**

Morgen | Österreich | Bus | Auto | Schweiz | Nacht

Tageszeiten

____

____

Fahrzeuge

____

____

Land

____

____

sich vorstellen

______________________ *Max.*

__________ *12* __________

______________________ *Wien.*

______________________ *Fußball*

und lese ______________________ .

b **Du kennst schon viele Wörter und Sätze.**

einen Wunsch sagen

Was ______________________ ?

Ich ______________ *mir* ______________ .

Ortsangaben erfragen und machen

______________________ *gehst du?*

____

über Vorlieben sprechen

______________ *gern* ______________ ?

Nein, lieber ______________________ .

______________________ *Pizza ?*

Ja, ______________________ .

22 Bald sind Ferien

1 a Schreib die Wörter an die richtige Stelle und ergänze den Artikel.

← KB 1

mit *d*___	mit ___	mit ___
z u g	_ _ _ _ _ _ _	_ _ _ _ _ _ _ _
_ _ _	_ _ _ _	
	_ _ _ _ _ _	
	_ _ _ _ _ _ _ _	

b Schreib sieben Sätze in dein Heft.

Ich fahre/fliege mit …

2 Schreib die E-Mail richtig in dein Heft. Vergiss die Satzzeichen . , ! nicht.

← KB 2

LIEBEPIAJETZTSINDWIRSCHONVIERTAGEINSPANIENESGEFÄLLTMIRHIERSOGUTMANKANNHIER SOVIELMACHENMANKANNSCHWIMMENUNDSURFENABERAUCHWANDERNODERSPAZIEREN GEHENUNDMANKANNGANZTOLLSHOPPENINDERSTADTGIBTESNÄMLICHEINKAUFHAUSUND VIELEGESCHÄFTEMANKANNDASUPEREINKAUFENESGIBTNUREINPROBLEMICHHABENICHTSO VIELTASCHENGELDNAJADAKANNMANNICHTSMACHENBISBALDDEINEEVA

3 a Verbote! Ergänze die Sätze.

← KB 2

① Man darf hier nicht ______________________

② ______________________ kein ______________________

③ ____

④ ____

b Partner-Übung: Mach Quatsch-Verbote für deinen Partner, z.B. „Schlafen verboten". Tauscht die Verbotsschilder und schreibt Sätze dazu.

4 a Was passt zusammen? Schreib die Buchstaben ins Lösungswort.

← KB 3

1. Leo, was machst du im Sommer?
2. Wohin fährst du denn da?
3. Und warum fährst du nach Elba?
4. Kannst du denn surfen?
5. Warst du denn schon einmal auf Elba?

- L Ich war noch nicht da, aber mein Bruder.
- E Ja klar, sehr gut.
- N Auf die Insel Elba.
- I Ich fahre nach Italien.
- S Da kann man so gut surfen.

Lösungswort:

1.	2.	3.	4.	5.

b Schreib die Fragen und passenden Antworten in dein Heft. Dann entsteht ein Dialog.

c Mach Sätze aus Frage und Antwort und schreib einen Text.

Leo fährt …

5 Was kannst du noch sagen? Kreuze an.

← KB 3

1. Ich surfe gern. Das gefällt mir.
   - [ ] a Ich surfe nicht gern.
   - [ ] b Surfen macht mir Spaß.
   - [ ] c Surfen ist langweilig.
2. Findest du Camping gut?
   - [ ] a Gefällt dir Camping?
   - [ ] b Machst du nicht gern Camping?
   - [ ] c Macht dir Camping keinen Spaß?
3. Ich finde Wandern doof.
   - [ ] a Ich wandere gern.
   - [ ] b Wandern macht mir Spaß.
   - [ ] c Ich mag Wandern nicht.
4. Macht dir Reisen Spaß?
   - [ ] a Gefallen dir Reisen nach Amerika?
   - [ ] b Machst du viele Reisen?
   - [ ] c Findest du Reisen interessant?

6 a Schreib die Wörter ins Kreuzworträtsel.

← KB 4

Hotel | Camping | Zimmer | Schwimmbad | Meer | Strand | ~~Zelt~~

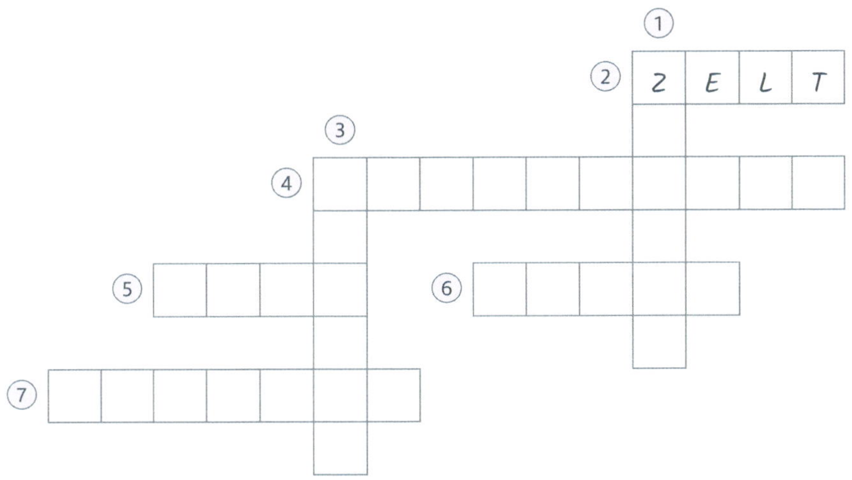

b Schreib die Nummern in Artikelfarben ins Bild.

23 Wir fahren ab

1 Stell die Sätze um.

← KB 1-2

1. Ich gehe heute einkaufen. → Heute gehe ich ______________.
2. Man kann hier gut essen → Hier ______________.
3. Wir fahren am Samstag Rad. → Am Samstag ______________.
4. Mia fährt im Juni nach Bern. → Im Juni ______________.
5. Viele Leute sind in der Stadt. → In der Stadt ______________.
6. Es gibt in Italien viele Inseln. → In Italien ______________.

ENTDECKE DIE GRAMMATIK

Stell den Satz um und ergänze die Regel.

Position 1	*Position 2*		
Ich	gehe	heute	einkaufen.
Heute	gehe	ich	einkaufen.
Man	kann	hier	schwimmen.
Hier	______	______	______.

Das Verb steht immer auf Position ____ .

2 Schreib die Sätze richtig.

← KB 1-2

1. ins Kino ▪ Um drei Uhr ▪ geht ▪ Maja

______________________________.

2. Im Winter ▪ möchte ▪ Snowboard fahren ▪ Tim

______________________________.

3. ins Rockkonzert ▪ dürfen ▪ gehen ▪ Am Samstag ▪ wir

______________________________.

4. hat ▪ Leon ▪ Geburtstag ▪ Am 14. Mai

______________________________.

3 Ergänze: *mit* oder *ohne*.

← KB 3

1. ● Fahrt ihr __________ dem Auto in die Schweiz?
   ▲ Nein, wir fahren __________ dem Zug.
2. Ich darf dieses Jahr __________ meine Eltern in Ferien fahren. Das ist toll.
3. Wir gehen heute in Sport __________ der Sportlehrerin in den Skatepark.
4. Leni isst gern Würstchen __________ Kartoffelsalat.
5. __________ meine Freundin macht mir der Ausflug keinen Spaß. Ich hoffe, sie kommt mit.
6. Herr Frank geht nie __________ seinen Mantel aus dem Haus.

4 a Ordne die Dialoge in **b** den Bildern zu. Schreib die Zahlen.

← KB 3

___

___

___

b Ergänze den Artikel in der richtigen Form.

1. ● Was machst du denn mit ________ Papagei? Du kannst den Papagei nicht mitnehmen.
   ▲ Ohne ________ Papagei fahre ich aber nicht.
2. ■ Du kannst doch nicht mit ________ Katze spazieren gehen.
   ◆ Warum denn nicht? Ich gehe doch auch mit ________ Hund spazieren.
3. ▼ Haha, fährst du mit ________ Fahrrad nach Amerika?
   ● Quatsch! Ich fliege natürlich mit ________ Flugzeug.
   ▼ Und das Fahrrad? ● Das nehme ich mit. Ohne ________ Fahrrad fahre ich nie weg.

5 a Schreib die Wörter an die richtige Stelle.

← KB 4

Bahnhof | Fahrplan | Automat | Bahnsteig | Zug | Gleis | Gepäck | Fahrkarte

1. _ u _
2. _ _ e _ _
3. _ e _ _ _ _
4. _ u _ _ _ _ _
5. _ a _ _ _ _ _ _ e
6. _ a _ _ _ _ e _ _
7. _ a _ _ _ _ a _
8. _ a _ _ _ _ _

b Schreib die Nummern aus **a** in Artikelfarben an die richtige Stelle.

6 Schreib drei kleine Dialoge (immer vier Teile) in dein Heft.

← KB 5

Kommst du mit ins Kino? | Nach Berlin. | Mein Bruder will im Sommer allein nach Amerika. | Nein, ich möchte heute nicht ins Kino gehen. | Super! Da fahren wir mit. | Die wollen das natürlich nicht. | Aha, und was macht er jetzt? | Hallo Tom, hallo Lina! Wollt ihr am Samstag mitfahren? | Ich will aber nicht! | Ach, komm doch mit. | Wohin willst du denn? | Und was sagen deine Eltern?

7 Ergänze die richtige Form von *wollen*.

← KB 5

1. ● Was __________ Paul einmal werden? ▲ Architekt.
2. ● __________ ihr nach Österreich oder in die Schweiz?
   ▲ Also, ich __________ nach Wien. Und du, wohin __________ du?
3. ● Wir __________ am Sonntag zu Opa fahren ▲ __________ Tante Lena und Onkel Alex mitkommen?

8 Welche Antwort passt? Kreuze an.

← KB 6

1. Ich möchte heute so gern in den Zoo.
   - a Hast du Lust?
   - b Gute Idee. Das machen wir.
   - c Das mache ich.
2. Willst du deine Tante in Wien besuchen?
   - a Ja, ich bin in Wien.
   - b Nein, ich will meine Tante besuchen.
   - c Ja, im Sommer.
3. Warum will deine Cousine nach England?
   - a Sie will Deutsch lernen.
   - b Sie möchte nach England fahren.
   - c Sie hat einen Freund in England.
4. Was wollt ihr heute machen?
   - a Wir wollen ins Theater gehen.
   - b Wir möchten etwas machen.
   - c Wir bleiben nicht zu Hause.

9 Schreib Sätze mit trennbaren Verben in der richtigen Form. Zusammen oder getrennt?

← KB 7-8

1. einladen ▪ möchte ▪ meine Freunde ▪ Ich ▪ zum Geburtstag

   ____.
2. anrufen ▪ Lena ▪ ihre Tante

   ____.
3. aufstehen ▪ morgen ▪ wollen ▪ Wir ▪ um sieben Uhr

   ____.
4. fernsehen ▪ so spät noch ▪ Darfst ▪ du

   ____?
5. abfahren ▪ der Zug ▪ Wann

   ____?
6. anfangen ▪ Die Ferien ▪ am zehnten Juli

   ____.

10 Wer sagt was? Schreib die Zahlen zu den Sätzen.

← KB 9

☐ Oje, es regnet. ☐ Puh, ist das warm heute! ☐ Wie schön! Sonne und kein Regen! ☐ Oh, ist das kalt heute!

11 Was ist richtig? Kreuze an.

← KB 9

1. Ihr ☐ musst / ☐ müssen / ☐ müsst – Aufgaben machen.
2. Du ☐ muss / ☐ musst / ☐ müsst – jetzt lernen.
3. Frau Hof, ☐ müssen / ☐ muss / ☐ müsst – Sie einkaufen?
4. Maria ☐ musst / ☐ muss / ☐ müsst – nach Hause gehen.

12 a Ergänze die Tabelle.

← KB 9

	ich	du	er/es/sie	wir	ihr	sie/Sie
müssen						
wollen						

b Schreib Sätze in dein Heft. Verwende diese Satzteile:

am Nachmittag Hausaufgaben machen | viel fernsehen | am Samstag zu Oma fahren | am Sonntag | einen Freund besuchen | im Winter Snowboard fahren | Englisch lernen

Ich muss/will am ...
Meine Eltern müssen/wollen am Samstag ...

13 a Ergänze die Formen von *müssen*.

← KB 9

1. Meine Eltern ________ zu Oma fahren. Kommst du?
2. Was ________ Jan heute noch machen?
3. ________ ihr morgen in die Stadt?
4. Ich ________ heute Mathe lernen. Und du?

b Schreib die Nachrichten in dein Heft und schreib immer eine Antwort dazu.

14 a Schreib das Telefongespräch zwischen Sven und Lara in dein Heft.

← KB 9

Sven ruft Lara Schwarz an. Er geht heute ins Rockkonzert. Kann Lara mitkommen? Sie will gern mitkommen, aber sie muss Mama fragen. Mama sagt, sie darf mitgehen.

Lara: Lara Schwarz.
Sven: Hallo, Lara, hier ist ...
Ich gehe ...

b Lara hat viele Fragen. Schreib das Telefongespräch weiter: Wer ...? Wann ...? Wo ...?

24 Neue Freunde

1 Ergänze die Tabelle.

← KB 1-3

Land	Person (m)	Person (f)	Sprache
	der Deutsche	die Deutsche	
		die Italienerin	
	der Spanier		Spanisch
England	der Engländer		
		die Österreicherin	

2 a Lies die Sätze 1–11 und füll das Logical aus.

← KB 4-5

1. Jose ist Spanier.
2. Maria ist zwölf Jahre alt.
3. Toms Hobby ist Fußball spielen. Und Sport ist sein Lieblingsfach.
4. Meike ist Deutsche. Ihr Hobby ist Lesen.
5. Die Italienerin trägt gern Blusen.
6. Der Österreicher ist 15 Jahre alt und trägt gern Jeans.
7. Der Spanier ist 14 Jahre alt. Sein Hobby ist Gitarre spielen und sein Lieblingsfach Musik.
8. Das Mädchen ist 13 und trägt gern Kleider.
9. Ihr Lieblingsfach ist Englisch und ihr Lieblingshobby ist Tanzen.
10. Er trägt gern T-Shirts.
11. Sie mag Mathe sehr gern.

Name				
Alter				
Nationalität				
Hobby				
Lieblingsfach				
trägt gern ...				

b Suche dir eine Person aus dem Logical aus. Stell dich vor.

Ich heiße ... ich bin ...

3 Was passt zusammen? Schreib die Zahlen ins Rechenrätsel.

← KB 6-7

A. Warum hast du noch nicht geschlafen?
B. Habt ihr eine Party gemacht?
C. Warum haben die Kinder so gelacht?
D. Hat Leon heute Fußball gespielt?
E. Du hast meinen Cousin kennengelernt.

[1] Nein, gestern.
[2] Ich war noch nicht müde.
[3] Ja, er ist sehr nett.
[4] Ja, am Samstag.
[5] Der Film war so lustig.

Rechenrätsel: ____ + ____ – ____ + ____ + ____ = 5
A. B. C. D. E.

4 Ergänze die Sätze.

← KB 6-7

	Präsens	Perfekt
1.	*Sandra spielt.*	
2.		*Ihr habt Aufgaben gemacht.*
3.	*Wir lachen.*	
4.	*Du schläfst.*	

5 a Mach den Quatsch richtig. Schreib die Sätze richtig in dein Heft.

← KB 8

Am Morgen gehe ich auf den Spielplatz. ▪ Am Nachmittag stehe ich auf.
Am Vormittag schlafe ich. ▪ Am Abend esse ich zu Mittag.
Am Mittag sehe ich ein bisschen fern. ▪ In der Nacht bin ich in der Schule.

Am Morgen stehe ich …

b Verbessere Emils Tagesablauf. Schreib so:

Am Morgen steht Emil …

6 a Ordne den Dialog. Schreib die Zahlen.

← KB 9

1 ● Hallo, wohin gehst du denn?
___ ● Zur Post? Hier geht es zum Krankenhaus.
___ ● Dann bist du falsch. Früher war die Post da. Aber jetzt ist sie am Schillerplatz.
___ ● Du gehst geradeaus zum Bahnhof und dann gleich nach links. Da siehst du schon die Post.

___ ▲ Und wie komme ich zum Schillerplatz?
___ ▲ Zur Post.
___ ▲ Ich will aber nicht zum Krankenhaus.

b Schreib den Dialog richtig in dein Heft.

c Schreib noch einen Dialog. Hör den Dialog dann zur Kontrolle.

3/32

Fotogeschäft → Supermarkt → zur Blumenstraße → geradeaus → Apotheke → rechts → Fotogeschäft

7 a Schreib die Wörter in die Tabelle.

← KB 9

Supermarkt · Schule · Post · Fotogeschäft · Krankenhaus · Sportplatz · Bahnhof · Apotheke · Schwimmbad

Ich gehe …

zum	zum	zur

b Schreib neun Sätze in dein Heft.

Ich gehe zum / zur …
Ich möchte / will …

8 a Partnerübung: Schreib zehn Fragen für deinen Partner mit diesen Satzteilen auf ein Blatt.

← KB 10-11

Bist du Ist dein Bruder / deine Schwester Sind deine Eltern Seid ihr	schon einmal	nach Österreich in die Stadt zu spät in die Schule sehr schnell zum Bahnhof in die Schweiz	gefahren? gelaufen? gekommen?

b Tauscht die Blätter und schreibt Anworten zu den Fragen.

9 a Was passt? Kreuze an.

← KB 10-11

	gefahren	gemacht	gespielt	gelaufen	geschlafen	gekommen	gelacht
Ich bin	X						
Wir haben							
Du hast							
Ihr seid	X						
Er hat							
Sie sind	X						

b Schreib zwölf Sätze in dein Heft.

Ich bin nach ... gefahren.
Wir haben Mathe ...

10 a Ergänze das Partizip Perfekt und schreib dann das Gedicht in dein Heft.

← KB 10-11

b Hör das Gedicht zur Kontrolle.

3/33

c Sprecht das Gedicht als Rap. So kann der Rap sein: Hört zu.

3/34

Wir sind Skateboard
__________ (a).
Da sind die Freunde
__________ (b).
Wir haben zusammen
viel __________ (c).

Wir sind ganz schnell
__________ (d).
Wir haben Fußball
__________ (e).

Das hat so viel Spaß
__________ (f).

11 a Ergänze die Nachrichten mit den Perfekt-Formen.

← KB 10-11

① Warum __________ du gestern nicht in die Schule __________?

② Was __________ ihr heute __________? Basketball?

③ Wann __________ du deine Aufgaben __________?

④ Wie war euer Ausflug? __________ ihr wirklich zehn Kilometer __________?

b Schreib zu jeder Nachricht eine Antwort in dein Heft.

12 Hör zu und ergänze die Sätze.

3/35

← KB 12

Hi, Timo!

Du weißt, ich bin in den ______________ (a) bei Tante Silke in Husum. Ich war so ______________ (b)! Das erste Mal ______________ (c), ohne Eltern. Der ______________ (d) ist so schön. Ich kann ______________ (e) oder schwimmen. Na ja, das ______________ (f) ist ziemlich kalt. Aber das macht nichts. Ich bin ______________ (g) drei Stunden gelaufen.

Es war sehr schön. Aber ich bin doch ______________ (h), ______________ (i) Tag ohne Freunde. Ich möchte so gern wieder nach Hause und mit meiner Familie und meinen Freunden ______________ (j) sein. LG Pauline

13 Was kannst du noch sagen? Schreib die Zahlen ins Rechenrätsel.

← KB 13-14

A. Ich habe das nicht verstanden.
- 14 Wie bitte?
- 17 Hast du das verstanden?
- 21 Entschuldigung.

B. Kannst du das wiederholen?
- 35 Bitte langsam.
- 29 Tut mir leid.
- 23 Noch einmal bitte.

C. Kannst du bitte langsam sprechen?
- 39 Kannst du es erklären?
- 42 Bitte nicht langsam.
- 37 Bitte nicht so schnell.

D. Ich verstehe das Wort nicht.
- 19 Ich erkläre das Wort nicht.
- 26 Ich kenne das Wort nicht.
- 31 Ich wiederhole das Wort nicht.

Rechenrätsel: ____ + ____ + ____ + ____ = 100
A. B. C. D.

14 Finde zwei kleine Dialoge (immer vier Teile) und schreib sie in dein Heft.

← KB 13-14

Hallo, Emma, wir gehen heute um drei Uhr ins Kino. | Aber nur für dich. | Heute – drei Uhr – Kino! | Was machst du denn gerade? | Wie bitte? Ich habe nicht verstanden. | Gib her! Die sind doch leicht. | Mathe-Aufgaben. Die sind so schwer. Kannst du mir die Aufgaben erklären? | In Ordnung.

15 a Hören: Hör die zwei Gespräche. Welches Thema haben sie gemeinsam?

3/36-37

a Einkaufen b Ferien c Schule d Eltern

b Hör noch einmal zu. Nun lies die Sätze. Was ist richtig? Was ist falsch? Kreuze an.

3/36-37

	richtig	falsch
1. Theo möchte in die Schweiz.	☐	☐
2. Theos Eltern surfen gern.	☐	☐
3. Tina kauft Jeans und T-Shirts.	☐	☐
4. Tinas Eltern müssen Mathe lernen.	☐	☐

16 Lesen: ein Artikel in der Schülerzeitung

• SCHÜLERZEITUNG **ALLOTRIA** •

Hi Fans,
hier ist wieder Euer Tobias. Wie immer habe ich die neuesten Neuigkeiten aus unserer Schule für Euch. Heute stelle ich Euch zwei neue Mitschüler vor.

Das ist Elena Romani. Sie ist 13 Jahre alt und geht jetzt bei uns in die 7 b. Sie ist Italienerin aus Verona. Ihr Vater hat eine Arbeit als Techniker hier in Köln gefunden. Deshalb ist die ganze Familie – Vater Romani, Mutter Romani und die Schwestern Elena und Flavia – nach Köln gekommen. Elena spricht schon gut Deutsch. Sie hat nämlich in der Schule in Italien Deutsch gelernt. Sie hatte auch schon Englisch in der Schule und möchte jetzt noch Französisch lernen. Italienisch kann sie ja schon. Sprachen sind Elenas Hobby. Deshalb hört sie auch so gern englische und deutsche Popmusik.

Das ist Adam Wajda. Er ist 12 Jahre alt und geht in die sechste Klasse, in die 6 a. Adam kommt aus Polen, aus Zakopane. Das ist eine Stadt im Süden von Polen. Im Winter ist es dort ziemlich kalt und man kann da ganz toll Snowboard fahren. Das ist auch Adams Hobby. Snowboard fahren kann er in Köln leider nicht. Das findet Adam schade. Aber er kann hier sehr gut Rad fahren. Das macht er auch sehr gern. Adam ist hier mit seiner Familie, mit seinen Eltern und seinen Geschwistern Monika und David. Adam kann noch nicht gut Deutsch. Aber er findet sicher bald Freunde. Die können Adam dann ja helfen.

Lies den Text. Füll dann die Tabelle aus.

Name	Alter	Klasse	kommt aus …	Geschwister	spricht …	Hobby
Elena						
Adam						

17 Schreiben: eine E-Mail

```
Hallo,
ich heiße Ines, bin 13 Jahre alt und wohne in Barcelona, in Spanien.
Ich lerne Deutsch, vier Jahre schon. Wer schreibt mir? Auf Deutsch natürlich!
Bitte, schreib mir viel von dir. Ich möchte dich kennenlernen. Ich schreibe gern zurück.
Bis bald
```

a Lies die E-Mail. Welche Informationen über Ines bekommst du? Unterstreiche. Schreib die Informationen über Ines auf ein Blatt und schreib deine Angaben dazu: Name, …

b Ines möchte dich kennenlernen. Welche Informationen über dich möchtest du noch geben (Hobbys, Familie, Geschwister, …)? Notiere.

c Schreib die E-Mail. Verwende die Notizen aus **a** und **b**. Vergiss Anrede und Schluss nicht.

bitte ankreuzen

hier falten

Ortsangaben erfragen und machen

________ möchtet ihr fahren ?

________ Italien .

________ .

Vorlieben ausdrücken

________ möchtest du

in die Schweiz fahren ________ ?

Da kann man ________ .

Das ________ mir .

Das ________ mir ________ .

Das ________ gern .

einen Wunsch sagen

________ du

im Sommer ________ ?

Ich ________ Camping-Ferien

________ .

um Verständnishilfe bitten

Wie ________ ?

Noch ________ .

Entschuldigung, ich habe das ________

________ .

Kannst du bitte ________

________ ?

Kannst du das ________

________ ?

Tut ________ , das Wort

verstehe ________ .

Kannst du es ________ ?

Wohin möchtet ihr fahren?

Nach Italien.

In die Schweiz.

Warum möchtest du

in die Schweiz fahren?

Da kann man gut wandern.

Das gefällt mir.

Das macht mir Spaß.

Das mache ich gern.

Was willst du

im Sommer machen?

Ich will Camping-Ferien

machen.

Wie bitte?

Noch einmal bitte.

Entschuldigung, ich habe das

nicht verstanden.

Kannst du bitte langsam

sprechen?

Kannst du das bitte

wiederholen?

Tut mir leid, das Wort

verstehe ich nicht.

Kannst du es erklären?

hier falten

bitte ankreuzen

rund um den Bahnhof

Bahnhof
Fahrplan
Automat
Bahnsteig
Gleis
Gepäck
Fahrkarte

Wetter

Sonne und Regen
Es regnet.
Es ist kalt.
Es ist warm.

Länder und Nationalitäten

Ich heiße Fabio.
Ich komme aus Italien.
Ich bin Italiener.
Ich spreche Italienisch.
Ich heiße Sandra.
Ich bin Italienerin.

Tageszeiten

Morgen
Vormittag
Mittag
Nachmittag
Abend
Nacht

1 Kommunikation: Schreib die Sätze an die richtige Stelle.

Kommt Regen oder kommt Sonne? | Das gefällt mir. | Warum machst du Karate? | Einen Sprachkurs. | Da fährt der Zug ab. | Klar, ich bin doch Österreicher. | Was kommt? Noch einmal bitte. | Nach New York. | Was willst du in den Ferien machen? | Wohin fliegt ihr? | Sprichst du Deutsch? | „Bahnsteig". Kannst du mir das Wort erklären?

A

____

____

B

____

____

C

____

____

D

____

____

E

____

____

F

____

____

_____ /12 Punkte

2 Wortschatz: Finde fünf Wörter rund um den Bahnhof und schreib sie auf die Linien.

S	B	A	H	N	S	T	E	I	G
O	G	E	P	Ä	C	K	E	Z	L
N	F	A	H	R	K	A	R	T	E
N	F	L	U	G	Z	E	U	G	I
E	F	A	H	R	P	L	A	N	S

____

____

____

____

____

_____ /5 Punkte

3 Wortschatz: Schreib die Zahlen zu dem Bild.

1. am Mittag
2. am Abend
3. am Vormittag
4. am Nachmittag
5. am Morgen
6. in der Nacht

___ /6 Punkte

4 Wortschatz: Ergänze Land, Nationalität, Sprache.

1. Mario kommt aus Italien. Er ist ________________. Er spricht Italienisch.
2. Lisa ist Österreicherin. Sie kommt also aus ________________.
3. Meike kommt aus ________________. Sie ist Deutsche. Sie spricht ________________.
4. Pedro und Conchita kommen aus Spanien. Er ist Spanier. Sie ist ________________.

___ /5 Punkte

5 Grammatik: Was ist falsch? Streiche durch.

1. Jens fährt mit den/dem Fahrrad.
2. Lea fährt ohne dem/den Hund nicht weg.
3. Thea geht mit die/der Freundin in die Stadt.
4. Tommy kann ohne die/der Katze nicht sein.

___ /4 Punkte

6 Schreib mit den Wörtern drei Sätze. Achte auf die Großschreibung am Anfang.

~~Ich~~ | Am Sonntag | Jan | fahre | nach Italien. | gehen | ~~Gestern~~ | Halsschmerzen. | wir | spazieren. | hatte

1. *Ich* ________________________________
2. *Gestern* ________________________________
3. ________________________________

___ /3 Punkte

7 Grammatik: Was ist falsch? Streiche durch.

1. Ihr habt/seid gespielt.
2. Ich habe/bin Rad gefahren.
3. Du hast/bist gelacht.
4. Er hat/ist gelaufen.
5. Wann haben/sind Sie gekommen?
6. Wir haben/sind gelernt.

___ /6 Punkte

41–33 Punkte ☺	32–21 Punkte 😐	20–0 Punkte ☹
Super. Du bist fit!	Na ja. Du musst noch üben.	Oje! Noch viel üben!

gesamt ___ /41 Punkte

Sieh nach, wie gut du schon bist …

Start Deutsch oder Englisch?

das Snowboard, -s ______

der Comic, -s ______

die Jeans, - ______

der Laptop, -s ______

das Poster, - ______

das Smartphone, -s ______

das Tablet, -s ______

das T-Shirt, -s ______

einfach (leicht) ______ Im Internet: Informationen einfach finden!

surfen ______ Ich möchte im Internet surfen.

gewinnen ______ Gewinnen Sie Tickets für das Eishockey-Spiel!

zeigen ______ Die Band zeigt, wie gut sie den Rock 'n' Roll spielt.

Lektion 13 Sechs Freunde

das Kino, -s ______ Ich gehe gern ins Kino.

das Schach (nur Sg.) ______

bleiben ______ Ich bleibe zu Hause und spiele Schach.

Hobbys

schwimmen ______

Freunde treffen ______

tanzen ______

fernsehen ______

surfen ______

shoppen ______

reiten ______

Rad fahren ______

spazieren gehen ______

Jahreszeiten

der Frühling

der Sommer

der Herbst

der Winter

Lektion 14 So sind wir

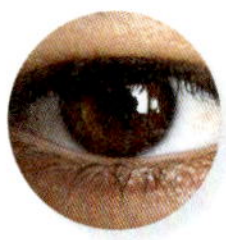

das Auge, -n		
das Haar, -e		
blond		Bobbys Haare sind blond.
ihre		Ihre Haare sind blond.
seine		Das ist Tino. Seine Haare sind rot.
hübsch		Das Mädchen ist hübsch.
groß		↔ klein
klein		↔ groß
sportlich		↔ unsportlich
unsportlich		↔ sportlich
sympathisch		↔ unsympathisch
unsympathisch		↔ sympathisch
können		Ich kann gut Schach spielen.

Lektion 15 Was machen wir heute?

das Schwimmbad, ¨-er		
der Spielplatz, ¨-e		
der Park, -s		
auf (lokal)		Wir gehen auf den Spielplatz.
kaputt		Mein Skateboard ist kaputt.
leider		Ich kann leider nicht mitkommen.
mitkommen		
mitspielen		

hingehen

mitmachen

bisschen — Wir gehen ein bisschen shoppen.

krank — Du bist krank.

wehtun — Alles tut weh.

aufstehen — Ich darf nicht aufstehen.

der Kopf, ¨-e — Mein Kopf tut weh.

der Schmerz, -en — Ich habe Kopfschmerzen.

der Bauch, ¨-e — Mein Bauch tut weh.

Ich habe Bauchschmerzen.

der Hals, ¨-e — Mein Hals tut weh. Ich habe Halsschmerzen.

der Arzt, ¨-e — Der Arzt sagt, ich darf nicht aufstehen.

üben — Jetzt heißt es: Mathe üben!

Glückwünsche

Herzlichen Glückwunsch!

Frohe Weihnachten!

Alles Gute!

Gute Besserung!

Frohe Ostern!

Lektion 16 Ein Geburtstagsgeschenk

einkaufen — Ich gehe einkaufen.

der Hund, -e

die Katze, -n

der Ring, -e

der Ohrring, -e

das Fahrrad, ¨-er

die CD, -s

!

das Taschengeld (nur Sg.)	______	Ich habe nur fünf Euro Taschengeld.
kaufen	______	Die Freunde kaufen ein Tablet.
teuer	______	Ein Fahrrad ist zu teuer.
wünschen (sich)	______	Ich wünsche mir eine Katze.
das Beste	______	Immer nur das Beste!
der Wunsch, ¨-e	______	Klara hat viele Wünsche.
besuchen	______	Ich möchte meinen Freund besuchen. Er hat Geburtstag.
das Geschenk, -e	______	Ich brauche ein Geschenk.
sammeln	______	Mein Freund sammelt „Jumbo"-Bücher.
schenken	______	Was kann ich schenken?
basteln	______	Du kannst etwas basteln.
kosten	______	Das kostet nicht so viel.
der Ball, ¨-e 	______	
der Mann, ¨-er	______	Der Mann und seine Katze

Lektion 17 Jakob und Julia

in der Stadt

die Apotheke, -n	das Geschäft, -e	die Haltestelle, -n	das Kaufhaus, ¨-er
______	______	______	______

das Krankenhaus, ¨-er	der Markt, ¨-e	der Marktplatz, ¨-e

der Euro (nur Sg.)		Das kostet fünf Euro 20.
anrufen		Ruf Jonas doch mal an.

Kleidung

die Bluse, -n

das Kleid, -er

der Pullover, -

die Jacke, -n

der Mantel, ¨

der Schuh, -e

billig		↔ teuer
das Radio, -s		Musik aus Fernsehen und Radio: 3 CDs für 12 €.
dies-er/es/e		Dieser Ring, dieses T-Shirt oder diese CD?
die Lieblingsfarbe, -n		Rot ist meine Lieblingsfarbe.

Lektion 18 Jonas

dort		Jonas geht ins Kaufhaus. Was möchte er dort machen?
tragen		Was trägst du gern?
lieber		Trägst du lieber T-Shirts oder Pullover?
Sie (höflich)		Entschuldigen Sie bitte.
helfen		Können Sie mir helfen?
die Hilfe, -n		Danke für die Hilfe.

Lektion 19 Viele Tiere

das Meerschweinchen, -
der Papagei, -en
die Schildkröte, -n

das Haustier, -e	Ein Haustier für Familie Kern
dumm	↔ intelligent
intelligent	↔ dumm
langsam	↔ schnell
lieb	↔ doof
süß	Meine Katze hat Junge. Sie sind süß.
lustig	↔ langweilig
langweilig	↔ lustig
die Farbe, -n	Welche Farbe hat das Meerschweinchen?
die Woche, -n	Die Katze ist erst acht Wochen alt.
der Monat, -e	Tipsi ist fünf Monate alt.
die Zeitung, -en	
die Anzeige, -n	Suchst du ein Haustier? Lies die Anzeigen in der Zeitung.
ab✂geben	2 Katzen rot-weiß, 10 Mon., abzugeben
die Adresse, -n	Adresse: Maistraße 8
gestern	Gestern war eine Anzeige in der Zeitung.
interessant	Die Anzeige war wirklich interessant.

Lektion 20 Fünf Tiere auf Probe

Essen und Trinken

das Ei, -er

das Eis (nur Sg.)

das Fleisch (nur Sg.)

das Gemüse (nur Sg.)

der Kakao, -s

der Kuchen, -

die Marmelade, -n

die Schokolade, -n

die Suppe, -n

das Frühstück, -e	______	Frühstück ist fertig!
frühstücken	______	
der Hunger (nur Sg.)	______	Ich habe Hunger. Ich möchte etwas essen.
der Appetit (nur Sg.)	______	Guten Appetit!
der Durst (nur Sg.)	______	Ich habe Durst. Ich möchte etwas trinken.
schmecken	______	Marmelade schmeckt mir.
besser	______	Schokolade schmeckt mir besser.
die Süßigkeit, -en	______	Süßigkeiten sind nicht für Tiere.

Wohnung und Möbel

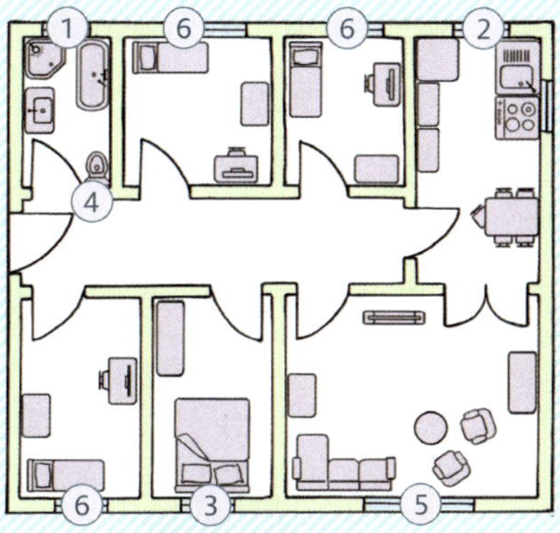

① das Bad, ¨-er ______

② die Küche, -n ______

③ das Schlafzimmer, - ______

④ die Toilette, -n ______

⑤ das Wohnzimmer, - ______

⑥ das Zimmer, - ______

die Tür, -en  ______

das Fenster, -  ______

das Bett, -en  ______

der Kühlschrank, ¨-e  ______

die Lampe, -n  ______

der Schrank, ¨-e  ______

der Stuhl, ¨-e  ______

der Tisch, -e  ______

im/im/in der (lokal)	______	Tipsi ist in der Küche.

an dem/dem/der (lokal)	______________	Sie wartet am Kühlschrank.
auf dem/dem/der (lokal)	______________	Der Hund ist auf dem Tisch.

Lektion 21 Wir und unsere Tiere

die Arbeit, -en	______________	Tiere machen Arbeit.
sauer	______________	Die Eltern waren sauer.
die Ordnung (nur Sg.)	______________	O.K. In Ordnung!
die Ahnung, -en	______________	Keine Ahnung!
offen	______________	Das Fenster war offen.
unser/unsere	______________	Jetzt ist Rudi unser Hund!
euer/eure	______________	Euer Hund? Darfst du euren Hund behalten?
aussehen	______________	Wie sieht euer Meerschweinchen aus?
mitbringen	______________	Wir können unseren Hund nicht mitbringen.
freundlich	______________	Der Hund ist freundlich und sehr ruhig.

Lektion 22 Bald sind Ferien

das Flugzeug, -e	______________	
der Zug, ¨e	______________	
mit	______________	Wir fahren mit dem Zug.
fliegen	______________	Wir fliegen nach Italien.
der Fuß, ¨e	______________	Wir gehen zu Fuß.
weit	______________	Das ist weit, aber wir fahren mit dem Auto.
wieder	______________	Wir fahren in die Schweiz und wieder zurück.
man	______________	Man kann da gut surfen.
Leute (nur Pl.)	______________	Man kann da viele Leute kennenlernen.
das Land, ¨er	______________	Da sind viele Leute aus anderen Ländern.
warum	______________	Warum möchtest du in die Türkei fahren?
gefallen	______________	Das gefällt mir.

!

Lektion 23 Wir fahren ab

das Hotel, -s		Im Hotel kann man gut essen.
kochen		In den Ferien muss Robins Mutter nicht kochen.
der Flughafen, ¨		Der Flughafen ist in Stuttgart.
Halt!		Halt! Wartet mal!
vergessen		Ich habe mein Skateboard vergessen!
ohne (den/das/die)		Ohne mein Skateboard fahre ich nicht mit.
die Sache, -n		Du kannst andere Sachen machen.

am Bahnhof

der Bahnhof, ¨e	der Automat, -en	der Bahnsteig, -e	die Fahrkarte, -n
der Fahrplan, ¨e	das Gepäck (nur Sg.)	das Gleis, -e	

ab|fahren		Wann fährt der Zug ab?

!

Achtung!	______	Achtung! Auf Gleis 5 fährt ein der ICE 594 aus München.
ein|steigen	______	Können wir schon einsteigen?
lassen	______	Lass erst die Leute aussteigen.
aus|steigen	______	↔ einsteigen
endlich	______	Endlich im Zug!
besetzt	______	Hier sind die Plätze besetzt.
wollen	______	Wir wollen Camping-Ferien machen.
das Zelt, -e	______	Ich will nicht allein im Zelt schlafen.
ein|laden	______	Wir wollen Sandra einladen.
das Wochenende, -n	______	Was möchtest du am Wochenende machen?
der Norden (nur Sg.)	______	Fährst du in den Norden?
der Süden (nur Sg.)	______	Ich fahre in den Süden.
das Wetter (nur Sg.)	______	Wie ist das Wetter dort?
warm	______	↔ kalt
kalt	______	↔ warm
der Regen (nur Sg.) 	______	
regnen	______	Es kann regnen.
deshalb	______	Deshalb nehme ich eine Regenjacke mit.
müssen	______	Ich muss meine Schwimmsachen mitnehmen.
das Ausland (nur Sg.)	______	Viele Sachen bekommt man auch im Ausland.

Lektion 24 Neue Freunde

der Strand, ¨-e	______	Wir sind am Strand.
der Italiener, -	______	Fabio ist Italiener.
die Italienerin, -nen	______	Sandra ist Italienerin.
einverstanden	______	Okay. Einverstanden.
das Lieblingsessen, -	______	Pizza ist mein Lieblingsessen.
die Postkarte, -n	______	Ich schreibe eine Postkarte an Oma.